錢永遠不夠！

不理財就從小康變清寒

| 窮人在 | 平民想 | 富翁能 |
| 尋找財富 | 守住財富 | 創造財富 |

不規劃就只是白日夢

喬友乾，郭麗香 著

賺了錢，你的理財之路，便將開始！

買車、買房、退休金、創業金……
該怎麼規劃才可以完成所有的目標？
該怎麼做才能夠不被經濟動盪影響？
就讓理財專家教你守護你的「小財富」！

崧燁文化

目錄

目錄

第 5 章　不同類型小康家庭的理財經

第 6 章　跳脫迷思，清醒理財

目錄

第 7 章　理財其實不僅僅是理錢財

前言

自 2008 年以來，全球經濟遭受了二十世紀經濟大蕭條以來
最為嚴峻的挑戰。由美國次級貸款危機引發的金融危機正在全
球發展蔓延。這場危機發展變化及其可能產生的影響，引發前
所未有的恐慌。

那時，我們看地球，會看到一張嚴重失衡的資產負債表：
資產急劇貶值，負債逐漸提高。爆發於美國，席捲全球的金融
危機，讓全球證券類的財富貶值了 50 萬億美元，股市蒸發了
32 萬億美元，包括原物料、石油等商品在內的資源儲備貶值了
50% ～ 80%，企業和家庭財富的貶值有許多無法量化，但也至
少貶值 20% ～ 30%。

現代社會的財富就是風險。富貴險中求，擁有的財富越多
實際上並不是你的家庭更安全。財富越多的人，風險越大，在
金融危機中受到的衝擊就越大。而小康階層，這個算是富有的
階層該如何在風險中安然度過呢？

從經濟行為的角度看，小康階層的共同特徵是「有一個職
業、有一些投資、有一種愛好」。所以，小康家庭的收入結構通
常是雙管齊下的，一部分是職業收入，一部分是投資所得。

前言

　　小康階層該如何理財呢？在投資界，一直有一種說法──錢有「聰明的錢」和「傻錢」之分。「聰明的錢」能發現投資機會，斬獲收益，而「傻錢」只能跟風行動，反應遲鈍，最終陷入投資泥淖。巴菲特（Warren Buffett）這樣的價值投資者是「聰明的錢」的代表，他們都有自己的投資標準，可以更加深入的了解上市公司的營運情況和總體經濟的走勢。即使是金融危機爆發，「聰明的錢」也可以尋找著價值投資的機遇。

　　因此，在金融市場中，最重要的投資方式就是要學會理財。你或許數學成績永遠不及格，對於數字非常不敏感，甚至看見財務報表就頭暈，沒關係，如果你從今天開始理財，就能實現你的夢想。這個理財行為不是投資很多錢，只要你從現在開始每一天存 10 元。

　　假設年報酬率是 10%，一個零歲的孩子，一天給他存 10 元，就永遠放在那裡，或者是購買一些比較好的基金產品。如果能達到每年 10% 的報酬率，計算一下，到這個孩子 60 歲以後，他需要退休養老的時候，這筆錢將可以變成 111 萬元。

　　這就是理財的魅力！

　　本書就是基於此孕育而出。它沒有艱澀難懂的理論術語，也沒有專家冠冕堂皇的說辭，是用最實用、最靈活、最有價值的理財方法，教你如何應對動盪的金融市場，抵抗風險，聰明投資，如何儲備過冬的糧食，如何在風險中尋找生存和發展

的機遇。

當然，金融資本市場雖然能帶來豐厚的收益，但風險也無處不在。對小康家庭來說，最重要的是選擇恰當的理財方式，規避風險。另外，也看到家庭理財的本質，家庭理財一定以「家」為本，以「財」為輔，千萬不要去賭，不要玩一把就賠光了家產。

因此，只要抓住機遇 —— 資產價格浮動之下相對便宜，做好布局，就能迎接下一輪財富的盛宴。

前言

第 1 章 掌握「小康」理財術

　　理財可以改變人的一生，無論是窮人或有錢人都應該學會理財。很多大富豪，他們曾經一貧如洗，以精明的理財方法，一躍而上，站在財富的金字塔頂端。「家有千金之玉不知治，猶之貧也」，收入豐厚的小康家庭收支龐雜，更離不開理財之道。但是，理財首先要心態端正，不要妄想一夜暴富，也不要患得患失，看好你的那塊「乳酪」，精打細算，用好方法，讓錢為你工作。

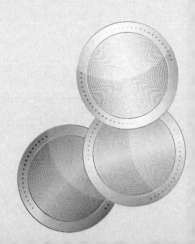

理財先理心，心態要端正

　　所謂「理財」，簡單說就是打理自己的錢財。在海外，很多年輕人很早就有理財的意識了。美國聯邦儲備委員會主班 · 柏南奇（Ben Shalom Bernanke）在一所高中發表演講時說：「雖然財務問題目前可能並不是你們考慮的當務之急，但這一天總會到來。到那時，你們需要為管理你或你家庭的財務狀況承擔責任；或者你需要考慮如何儲蓄以得到你想要的東西：大學教育、一輛新車或自己的房子。」

　　正是因為這樣的學校教育，美國人從小就有很強的理財觀念。據說，美國普通百姓的收入中，有一半是來自薪水，而另一半則來自理財的收益。

　　近幾年來，理財也成為電視、網路、報章、雜誌等媒體的常見關鍵字，隨之而來的個人理財、家庭理財也逐漸風行。

　　理財究竟是什麼呢？

　　理財和整理房間有異曲同工之處，一間大屋子需要收拾整理。如果屋子的空間狹小，則更需要收拾整齊，才能有足夠的空間放東西。我們的人均空間越少，房間就越需要整理和安排，否則會凌亂不堪。同樣，我們也可以把這個觀念運用到理財，當我們可支配的錢財越少時，就越需要我們把有限的錢財運用好。而要運用和打理好有限的金錢就需要合理的理財方式。

在我們的日常生活中，總有許多中低收入者抱有偏見，認為「只有有錢人才有資格談投資理財」。剛進入社會的年輕人都會有這樣的想法：自己每月固定的薪水，應付日常生活開銷就差不多了，哪來的餘財可理呢？而事實上，只要你有收入，有現金流，錢再少，只要好好規劃，一樣可以理財，關鍵就看你有多強的理財概念。

其實，理財面前人人平等。今天，擁有 500 萬元的有錢人如果選擇把錢全部存銀行吃利息，那他的錢很可能因為通貨膨脹而不斷貶值。而一個只憑五萬元進入股市的年輕人如果操作得當，有可能過不了幾年就已經擁有了一套市價 700 萬元的房產。

所以，永遠不要認為自己無財可理，只要你有經濟收入就應該嘗試理財，必然會得到豐厚的報酬。理財的關鍵不在於你能賺多少，而是看你能否顧好你的錢，不讓它們不知不覺中從指縫中漏出去。「積少成多，聚沙成塔」。如果我們能夠知道理財是個積少成多、循序漸進的過程，那麼「沒有錢」或「錢太少」不但不會是我們理財的障礙，反而會是我們理財的動機，激勵我們向更富足、更有錢的路上邁進。

我們每個人的財富就是一座水庫，個人的收入就像一條河，只有經過努力才會有水源源不斷的流入水庫。理財，就是管理好你自己的水庫。年輕時就要著手修堤築壩，進行合理規

劃，才能保證你在戀愛、結婚、撫育孩子，一直到退休養老的人生旅程中，自己的財富水庫從未乾涸。所以窮人要理財。收入高的人更需要理財，收入越高，如果不理財，甚至是懶得理財，那麼造成的損失也會越大。

現今社會經濟變動快速，不斷通貨膨脹，各式各樣的經濟壓力接踵而來。人們對於自己的財富與其說是期待增值，不如說是害怕貶值。對於「不進則退」的擔憂，將更多的人捲入了理財潮流之中，被潮流推著往前走。很多人因為不懂得理財，始終於貧困為伍；有些人輕視理財，得到的財富是曇花一現；有些人缺乏理財技巧，財富越理越縮水；還有些人心態不好，以為理財就是一夜暴富。

世界著名心理學家榮格（Carl Gustav Jung）曾說過：「性格決定命運，氣度影響格局。」意思是說一個人的性格好壞直接影響他的為人處世，進而影響命運。理財也是同樣的，說到底，理財的心態已經決定了理財的最終結果。

投資理財就如長跑，投資者應在堅定理財信念的前提下，做好自己的理財規劃，然後以自己的努力滿足實現目標中所需的條件，保持理性的收益預期，用合理的投資組合，實現一生的理智投資，健康理財。

理財過程中，不要隨便為自己定標準，一旦期望太高，落差也會越大。為理財一個合理定位，既不要滿足現狀，也不

要苛求自己，腳踏實地，一步一步不斷提升財富。同時，理財投資者還要多學習理財知識，多付出辛苦，將理財和投資的理念貫穿生活始終。時間一長，你就會發現，你的財富也能有一番天地。但是，無論什麼方面的投資，要尊重科學和規律，不能盲目自信，更不能盲目相信別人的承諾。投資賺錢不要得意忘形，不得志也不要鬱悶。當然，投資者也要堅持快樂理財的原則，每個人都有自己的生活方式，一個靠一萬元投資理財的人，理財所帶給他的富足和快樂，不見得會少於十萬、百萬的人士。

總而言之，在這個年代，即便是經濟低潮中，也不缺少賺錢的機會，只看有沒有發現機會的眼睛和把握機會的手段。有人說炒股炒的是心態，理財也是一樣。有了心態、紀律和背景知識，理財就成了習慣，不經意間，你會發現你就是理財高手。

理財小提示：理財要先理心

理財之前要先理心。理財是一種生活方式的選擇，許多人卻簡單地把理財當成投機，渴望透過理財一夜暴富。從某種意義上說，決定一個人理財成功與否重要的不是理財的技術和方法，而是理財的心態。

要做好理財需要耐心和恆心。理財是像「馬拉松」一樣的漫長過程，考驗的是你持久力，而不是一時的爆發力，只要你有足夠的恆心和耐力，富翁離你就不遠了。

想要賺錢，就要錢滾錢

　　從前，有個愛錢的人，他把自己所有的財產變賣之後，換成一塊大金子，埋在牆腳下。每天晚上，他都要把金子挖出來，欣賞一番。

　　後來，有個鄰居發現了他的祕密，偷偷把金子挖走了。當那個人晚上再挖開地的時候，金子已經不見了，他傷心的哭了起來。

　　有人見他如此悲傷，問清原因以後勸道：「有什麼可傷心的呢？把金子埋起來，它就成了無用的廢物，你找一塊石頭放在那裡，就把他當成金塊，不也一樣嗎？」

　　看完這個故事，相信大家都會想笑。是呀，把金子埋起來，它就成了無用的廢物，價值和石頭差不多。相反，如果那個人能夠把黃金做為資本，合理利用，一定會賺取更多的錢。

　　在商業社會，人人都想有錢；而人生無常，並不是人人都可以富有。於是便產生了如何處理金錢的方法論問題，這就是理財之道。

　　理財的涵蓋面很廣，從儲蓄到消費，從經營到管理，從融資到投資，都可以納入到理財的範疇。要想找到理財之道的門徑，改善自有的財富環境，首先要改變對金錢的看法，然後才能掌握處理金錢的方法。在生活當中，很多人會比較自己在財

富上和別人之間的差異，覺得誰比自己有錢或沒有錢，但如果站在理財的角度看，應該有另外的視野。

冷靜的看待金錢，雖然也是一個評估財富的視角，但是，如果僅僅把金錢看作目的物，你考慮的往往只有一個角度，那就是儲存，人們把錢放在床底鞋底的例子屢見不鮮。事實上，人在生活中是可以把較穩定收入的金錢，分為三大部分來處理的：一是基本開銷，二是必要的預備金，三是累積。基本開銷維持生活品質，相當於做生意過程中的必要成本；必要準備金是防止不時之需，如患病，相當於急難救助金；至於累積，可以看作是閒置資金。分解之後，我們對自己的消費和儲蓄就有了基本的概念，與此同時，我們就已經把粗線條的金錢概念，轉變為資金的概念。而有了資金的概念，我們就可以讓資金流動，從而變成資本。

有句俗話說「人兩腳，錢四腳」，錢有四隻腳，錢追錢，比人追錢快多了。一生能累積多少錢，不是取決於你賺了多少錢，而是取決於你如何理財。

有個故事：有一次，洛克斐勒（John D. Rockefeller）的公司請到一對兄弟蓋倉庫，哥哥叫約翰，弟弟叫哈佛。兄弟兩人蓋好倉庫後去領薪水。

洛克斐勒（John D. Rockefeller）對他們說：「你們要學會讓錢為你們工作。如果你們手中有了錢，一定很快就會花光，

不如把它換成公司的股票，做為你們的投資如何？」

約翰想了想，認為洛克斐勒（John D. Rockefeller）說得很有道理，當場便答應了，並要求將賺得的錢再投資。但是哈佛不同意，堅持要領現款。

結果沒多久哈佛就把錢花光了，依然需要當工人賺錢；而約翰因為公司的股票上漲，賺了不少錢，賺到的錢又做為本金買入公司股票。結果複利的效用得以發揮，洛克斐勒（John D. Rockefeller）的公司在源源不斷地賺錢，約翰的財富在源源不斷地成長。

可見，只有善於讓金錢為自己工作的人，讓錢轉起來，才能致富。

世界上的錢有許多種，有勤快的錢，有懶惰的錢；有待著不動的傻錢，有能夠飛快增值的聰明錢；有罪惡的錢，有乾淨的錢；有好心的錢，有殘忍的錢。勤快的錢會為你創造財富，懶惰的錢只會讓你損失老本；待著不動的傻錢毫無用處，而聰明的錢才最受人們的歡迎。

理財的本質就是：擁有勤快的錢，累積聰明的錢，遠離罪惡的錢，善用乾淨的錢。

處在這個高速發展的經濟時代，人人都在忙於奔波。同時，也有很多人在為資產保值、增值進行投資。選擇投資的人

固然是聰明的。因為他們相信：錢不能放在銀行裡，這樣只會越來越貶值。面臨通貨膨脹的壓力就是最好的例子。

許多五、六十歲的阿姨阿伯，緊緊盯住匯率、拿出計算器啪啪地算；把寶押在那些隨時跳動的數字上……

他們認為「賺匯差和做生意一樣，肯定有賺有賠。」至於為什麼迷戀匯差，是因為「讓錢動起來總比放著不動好」、「買來買去都是鈔票，實實在在的，虧也虧不到哪裡去」……正是這些樸素的經濟概念，讓貨幣市場欣欣向榮。

當然，投資不是一時熱情，而是一種生活習慣。不論投資金額多小，只要做到每月固定投資，就足以使你超越大多數人。關於這點，《窮爸爸，富爸爸》的作者非常認可，他說：「我認為『人賺錢』相當辛苦，靠勞動工作賺取薪資者，不工作就沒有收入，這樣的生活真的太累了……」

因此，現在就開始理財吧！讓錢為你工作吧！

理財小提示：投資家成功致富的祕訣

細數我們耳熟能詳的億萬富翁，無一不是精明的投資家，如股神巴菲特、金融大師索羅斯（George Soros）等投資家成功致富的祕訣只有一條：用錢生錢！

巴菲特在他的書裡說他六歲開始儲蓄，每月 30 美元。到十三歲時，他有了 3,000 美元，他買了一檔股票。年年堅持

儲蓄，年年堅持投資，十年如一日。他的財富都歸功於他的理財方法。

那麼，我們該如何用投資使自己成為富有的人呢？其實很簡單，只要你始終如一地堅持以下三個原則，相信若干年後你也是百萬富翁中的一員。

這三個造就百萬富翁的原則就是：

一、先儲蓄，後消費，每月儲蓄 30% 薪水

二、堅持每年投資，投資年報酬 10% 以上

三、年年堅持，堅持十年以上。

理財也要科學化、現代化

西方有句諺語說：「人的一生有兩大悲哀，一是活得太久，二是去得太早。」如果從經濟角度來理解這句話：活得太久，那麼在年輕時靠工作累積的財富有耗盡的可能，越長壽，越要擔心生活的財務安排；去得太早，則可能讓家人承擔過多的生活負擔，降低家人的生活品質。因此，理財的需求順應而生。

理財不是某一時段的特定行為，不是「市場好時就理財、市場不好便不再理財」。理財是一種生活方式，一種生活習慣，貫穿人生的各個階段，與結婚、買房、子女教育、養老等生活目標緊密相連。

經濟的大起大落讓更多人深刻領悟到「金融」以及「理財」

與自己生活的息息相關。但在進行理財前,先要做好家庭理財規劃。一個完整的家庭理財規劃應該就像金字塔一樣結實、牢固。大致可分為四大部分,最底層是應急資金,大概是三至六個月的生活費。第二層是家庭保障,包括社會保險以及商業保險。第三層就是家庭債務,它包括房貸、車貸、信用卡等。如果這三層都堅固了,剩餘資金就可以進行理財投資了,像股票、基金、債券、收藏、保險等,這樣就算投資全賠了,由於前面的三個環節做得很完美,也不會影響到現有的生活品質。

理財從專業角度講,分為混沌式理財和科學理財。混沌式理財是多數人在生活過程中常見的一種理財方式,具體表現為無意識地被動接受市場選擇,整個財務安排中沒有明確的規劃和理性的安排。

而科學理財則從專業角度出發,能根據市場變化主動調整財務安排的理財方式。研究表明,科學理財的效率和效益高於多數人的混沌式理財。

然而,並非所有人都能夠做到科學理財。具體來說,必須做到以下四點:

第一,手裡要有一定的金融資產

講到理財,肯定是要和錢打交道,像是現金、銀行儲蓄、外匯、股票、期貨資產及債券等社會能流通的各種有價證券進

行自主投資理財。這是先決條件。

按馬斯洛需求層次理論（Maslow's hierarchy of needs），人的需求分為五類：生理需求、安全需求、愛與歸屬需求、尊嚴需求和自我實現需求。只有當生理需求、安全需求等最低層次的需求得到滿足之後，人才會考慮更高層次的尊嚴和自我實現需求。

因此，手裡掌握著一定的金融資產的人，才有能力在滿足日常生活所需之外進行財務安排和投資規劃，耐心地關注市場變化，並根據市場變化及時調整投資組合，實現理性理財之目標。

第二，要有先進的理財概念

先進的理財概念是理財的主觀條件。先進的理財概念不僅有助於個人投資理財目標實現，也有助於金融市場健康發展。

當今社會，沒有財富的人在尋找財富，有了財富的人想守住財富。不過，在市場經濟社會裡，只有「尋找」和「守住」財富是不行的，先進的理財概念能幫助你主動出擊，準確判斷市場上各種訊號，走在理財道路的尖端。

因此，能夠主動出擊、獨立判斷、客觀評價的理性投資者往往能招招命中，讓自己成功邁向財富。

第三，要掌握有一定的理財技巧

要理財，不能嘴上說說而已，要付諸行動。理財技巧是實現理財目標的核心。理財投資沒有門檻，錢少有錢少的理法，錢多有錢多的理法。在國外，金融產品繁多，既有長線的，也有短線的，投資理財最基本也最穩健的方法就是從定期小額投資開始。

不過，每個理財產品都有各自的門道，只有明白這些小細節，才能知道該理財產品是否適合你，才知道怎麼用小錢博大錢。但要記住的是：理財的期限是終身，要把理財做為長期的家庭規劃。無論是選擇活期，還是一年期、三年期，甚至長達幾十年期限的理財產品，都要從實際需求出發。

第四，尋找專業的理財顧問的幫助

我們生活中不少人是現代經濟社會的理財小白，他們談到錢時羞於啟齒，特別是對聘外人理財存有戒心。他們還未真正明白理財顧問業是社會專業分工的必然結果。因此，要妥善利用專業理財顧問的幫助，這是雙贏策略。

不過，一個值得你把錢託付給他的理財專員，一定非常了解你的理財需求和風險偏好，他一定知道資產配置遠比掌握市場或選擇市場重要。如果你的理財顧問總是不斷嘗試要把金融產品銷售給你，你最好離他遠一點。

　　總之，理財是一門學問，也是一輩子的事業。掌握以上四點能有效幫助你管理財務狀況，讓你理財不衝動，理性又有方法。

理財小提示：借力使力，讓聰明人幫你理財

生活在二十一世紀，你可以沒有很多錢，但一定要學會理財。從各種媒體上學習理財知識，真的一點都不難。不管你之前是否接觸過，不管你原本對它的認知度有多少。並非要你摸透複雜的經濟學理論，而是希望至少能夠辨別資訊的可信度。

因此，在你一味拿「沒時間」、「看不懂」搪塞之前，給自己一個機會，哪怕每天花二十分鐘閱讀財經新聞的標題，也可以慢慢從理財白痴變成理財高手。當你具備了基本的判斷能力後，下一步你才有資格利用所謂的「懶人投資法」，委託金融機構的理財專員或者投資顧問，打理好你的資產，讓它穩健成長。

理財風險防範是首位

　　一個婦人是村莊裡的養雞戶，她餵養的雞個個肉質肥嫩，自家母雞還能多下蛋。聽說附近的市場上雞蛋的價格賣得很高，她決定拿出自家的雞蛋去市集上賣。

　　婦人找到一個很大的籃子，把所有雞蛋全部裝到這個籃子

裡。剛要出門時，婦人的丈夫見此情景，連忙提醒妻子：「不要把所有的雞蛋都放在一個籃子裡，這樣太危險了！最好換小一點的籃子，多裝幾籃。」

婦人不以為然地說：「這一籃雞蛋能有多重，去年我還背著它走過更遠的路呢！你放心吧！沒問題！」

哪知，當婦人把裝滿雞蛋的籃子猛一拎起來時，突然籃子的底部破了個大洞，所有的雞蛋全部都掉在地上摔碎了，無一倖免。

婦人後悔莫及，坐在地上痛哭。婦人的丈夫走過去看著摔壞的籃子，回頭安慰婦人說：「這個籃子好久沒用了，多處藤條已經快斷了，哪裡承受得住那麼多雞蛋的重壓？以後注意一點就好，既要好好檢查一下籃子是否穩固，也要避免把所有雞蛋放在同一籃子裡。安全永遠是最重要的！」

投資理財是充滿風險的經濟活動，只有重視和做好風險防範，才能得到理想的投資收益和達到理財的預期目的。要不然，就會像婦人一樣，把一籃子的雞蛋全部摔壞。理財並不是暴富的途徑，任何投資都是機會與風險並存的，我們不能只看收益不看風險。做好理財投資，首先要把風險防範放到第一。

那麼，理財投資者該如何防範風險呢？

第一，知己知彼，百戰百勝

由於任何人承受風險都有一定的限度，超過了限度，風險就會變成負擔或壓力，可能會對其情緒或心理造成傷害，甚至影響到各個生活層面，包括健康、工作、家庭生活、交友和休閒等等。且對於收入不高的人來說，抗風險能力十分有限，一旦風險變為現實，往往會造成難以承受的損失，甚至會帶來沉重的精神打擊。

投資者進行投資前，首先要徹底了解自己。要清楚自己手中資源有哪些；自己適合於做哪些方面的投資；正確評估自己的性格和風險偏好，在此基礎上再來決定自己的投資取向及理財方式。

另外，投資者還要對投資對象的風險狀況和全球經濟環境對投資理財的影響有所了解。要學會從眾多投資商品中選擇適合自己投資的類型，重要的是要在報酬率和風險程度之間達到平衡。

第二，進行組合投資，學會分散風險

經濟學上，常常會用「不要把所有雞蛋放入同一個籃子裡」來提倡理性投資，切忌孤注一擲的賭徒做法。畢竟多數散戶是在拿自家的血汗錢玩「金錢遊戲」。

通常，投資者是要在非常理性的狀態下對資產進行合理分配。這種資產分配應該是策略性的，一旦確定就不要隨意變動。在投資理財中，分散投資風險就是防止孤注一擲。一個慎重、善於理財的家庭，會把全部財力分散於儲蓄存款、信用可靠的債券、股票及其他投資工具之間。這樣，即使一些投資受了損失，也不至於滿盤皆輸。

如果我們依然把投資理財比喻為打仗，你可以依據自己的實際情況將資金分成「守、防、攻、戰」四種形式的投資，讓資金在不同位置上發揮不同的作用。用作「守」的資金，應主要用於銀行儲蓄、置業、買保險等方面；用作「防禦」的資金，則應用於購買債券、投資基金、信託產品等；「進攻」性資金用於股票、外匯買賣等；用作「激戰」的資金可拿去買房地產、期貨。對於一般家庭來說，可以將25％的資金用於儲蓄，30％的資金購買債券、基金，30％的資金購買股票，15％的資金購買保險，大可不必參與風險極大的激戰型投資。

第三，根據市場變化，適時調整資產結構

影響投資理財活動的因素是千變萬化的。在確定理財目標之後，在合理配置資金運用的基礎上，還必須根據各種因素的變化，適時地調整資產結構，才能達到提高收益、降低風險的目的。例如：你雖然確定了投資股票和投資債券的資金比例，

但不應該死守這個比例，而是要根據各種因素的變化，靈活調整比例。

　　經驗證明，股市與債市之間存在著一種類似於「蹺蹺板」的互動。當股市上漲時，債市價格下跌。當股市低迷，你可以賣出債券，而這時恰好是債券上升的時候，可以賣一個好價格。同時又可以買入一些價格處於底價的股票，當持有一段時間拋出後定可獲利。

　　最後，投資者要恪守三個基本的投資原則：安全第一，流動第二，獲利第三。任何投資都應該先控制風險，再追求報酬。只有了解並呵護好自己手中的雞蛋，才能更好地控制出手時機與風險。

理財小提示：投資者必須要掌握的五個總體經濟指標

總體經濟環境對投資理財也有著重要的影響。衡量總體經濟的指標非常多，只要把握住五個重點，基本上就可以做到「八風吹不動，端坐紫金蓮」了。這五個重點分別是：利率、通貨膨脹程度、經濟景氣度、社會穩定度及稅務政策。在確定自己的投資策略時，應當對上述五個面向的影響做出綜合判斷。

照顧好你的那塊「乳酪」

變化總是在發生，

他們總是不斷地拿走你的乳酪。

預見變化，

隨時做好乳酪被拿走的準備；

追蹤變化，

經常聞一聞你的乳酪，

以便知道它們什麼時候開始變質。

盡快適應變化，

越早放棄舊的乳酪，

你就會越早享用到新的乳酪。

做好迅速變化的準備，

不斷地去享受變化。

記住：他們仍會不斷地拿走你的乳酪。

這首歌可以完美象徵小康們的心情與生活型態。從這首歌裡，我們可以看出，小康階層過得並不是我們想像的那樣輕鬆、那樣瀟灑。

請你不要以為這是小康們在無病呻吟，其實這正是他們內

心緊張的真實寫照。許多小康階層的地位並不穩固，尤其是下層小康，他們一旦失去工作，沒有了收入來源，原本舒適的生活頓時就會成為泡影，他們很快就會淪為貧民，成為「新貧」一族。這種結局，比一直就待在貧民堆裡更為可怕，更加讓人難以接受。

這種不幸的狀況，在國外是很常見的事情。許多人把美國小康階層的生活等同陽光與海灘，等同別墅與華車，等同於咖啡與名酒。曾經有一個小康到美國旅行，回來後以又酸又甜的筆觸描摹美國小康階層的生活：「住在郊區，有一幢（分期付款）兩間至四間臥室的房子，兩三個孩子，一隻狗，兩部汽車（一部日本的、一部美國的，分期付款）。門前是修剪整齊的草坪。丈夫每天辛勤工作，妻子在家帶孩子做家事，拿薪水後馬上開出十五張以上的支票付帳（房子、車、水費、電費、瓦斯費、電話費、有線電視費、分期付款的昂貴物品、五張信用卡的帳單、孩子牙醫的帳單、醫療和人壽保險，或許還有看心理分析醫生的帳單，等等）。平時看電視脫口秀，週末看看 Netflix，邊看邊喝可口可樂、吃爆米花，每年耶誕節準備聖誕樹，妻子和丈夫都在發胖。」

但事實上，這只是我們看到的表象。一位資深小康給我們描摹的卻是另一幅光景：多數美國小康一月又一月用大量時間計算那些消耗掉大部分收入的開銷：聯邦稅、州稅、地方稅，

買車的分期月付款、醫療、家庭財產及汽車的保險費、汽油費，包括水電等雜費、食物支出（該項通常占收入的 15%）、以及意外汽車維修與家用設備維修費等等。

因此，別看那些小康們經常躺在海灘上晒太陽，經常開車到鄉村兜風，實際上他們在經濟上也是很緊的，絕對不能放手亂花。一些小康家庭，必須要靠夫妻雙方的收入才能支撐，一旦其中一個人經濟狀況不穩，整個家庭的財務就岌岌可危。這種危機不只是需要降低生活品質，甚至還有可能讓這個家庭破產 —— 雖然這是小康家庭。

做為小康，雖然可以過上比其他人好一些的生活，但這一切都不能成為你炫耀的資本，特別是在經濟環境不好的情況下。如果你只守著銀行的存款，每天按部就班的上下班，總有一天，當疾病來臨時，當你的孩子要上大學時，當你老了時，當你面臨不幸時，你會發現原本舒適的生活已經不在了，原本應該大方拿出的錢越來越少了，你會由衷地問道：「是誰動了我的乳酪？」

有一個故事：三個不同國籍的年輕人，因為一宗盜竊案被宣判入獄三年。

監獄長答應在三個人入獄之前，滿足他們各自的一個要求。美國人愛抽雪茄，要了五大箱雪茄；法國人只要愛情，要求未婚妻到監獄裡和他作伴；而出生在德國的猶太人說，他只

需要一部隨時能與外界保持聯繫的私人電話。

三年時間很快過去了，三個人在同一天刑滿釋放。第一個從監獄裡走出來的是異常抓狂的美國人，他嘴裡叼著雪茄，憤怒地衝著獄卒喊道：「當初為什麼不給我火柴？」

緊接著出來的是法國人。只見法國人幸福地領著一家人，他左手抱著一個小男孩，右手牽著美麗的、有身孕的妻子，妻子手裡則牽著一個小女孩。

最後走出來的是猶太人。他手裡拿著行動電話，從容地走到向外面迎接他的豪華轎車。臨行前，他緊緊握著監獄長的手說：「這三年來，我每天都能與外界聯繫，我的投資生意不但沒有中斷，反而得到極為巨大的報酬，不管怎樣，你使我有機會走上正途，為了表示感謝，我把停在那邊的勞斯萊斯送給你！」

雖然這只是一個故事，但告訴我們一個道理：今天的選擇，不僅可以決定你幾年後的生活型態，也許還能決定你這一輩子的前途和事業走向。雖然你是小康階層中的一員，但這並不等於你從現在起就可以享受了，至少你還要賺足你可以享受的資本。

放眼望去，我們周圍充滿了憂心忡忡的小康階層，有時候他們甚至比貧窮的人更顯得手足無措。「菩提本無樹，明鏡亦非臺。本來無一物，何處惹塵埃。」是一些窮人能夠保持相對穩

定的心態的原因；患得患失的想法，卻使一些小康階層，尤其是下層小康階層每天生活在焦慮彷徨之中。

因此，如果你不願意自己像歌曲中那隻小老鼠一樣，成天擔心自己的乳酪，那就趕快盤點你的資產，分塊打包好，把它們分在適合的理財產品裡，以便在眼前的乳酪被別人拿走的時候，還能夠累積更多的乳酪。

理財小提示：通貨膨脹下該如何理財

目前，儲蓄仍是大部分人傳統的理財方式。但是，錢存在銀行，短期看是最安全的，而從長期來看卻是最危險的理財方式。因為貨幣價值有一個「隱形殺手」，那就是通貨膨脹。那麼，通貨膨脹下如何理財才能讓錢不縮水呢？

理財專家建議大家盡量多持有資產，比持有現金更為划算。這裡的資產，不一定是實體資產。土地、房產、私人股權、股票、藝術品以及外幣，都是資產。

不過，並非所有資產都會有超過通貨膨脹的升值幅度。有些資產的漲價幅度有可能低於通貨膨脹率，或許會低於銀行定期存款利率。一定要記住，不是所有資產都會賺錢，要慎重選擇投資產品。

精打細算才能穩定經濟情況

一般人都以為小康生活都是奢侈無度，不用擔心金錢，其

實不然,很多小康比一般人考慮得還要多,還要細。不但會賺錢,而且還會花錢,這才是「小康」本色。小康階層為了穩固自己的「小康」地位,或者要把自己的階層再往上提升,在用錢方面都是很注意的。

美國有一本暢銷書用大量事例說明致富的關鍵在於量入為出。作者告訴我們,大多數百萬富翁都是買現成的西裝,開普通的福特車,在平價商場購物。

美國人常常被描繪成一個過度消費的群體,他們的國民儲蓄率為負值。事實上,美國的小康階層是非常謹慎和精明的。小康家庭經常會採用以下方式節約開支:比如翻新家具而不是購置新的:更換更便宜的電話公司,從不以電話購物,將鞋子換底或修補、購買物品時使用優惠券,購買散裝的家庭用品等。這並不是說他們是守財奴,而是為了過上他們想要的好生活,他們必須精打細算。超過四分之三的美國小康階層會使用優惠券,60% 的人買車時會跟銷售商講價。普通的小康階層經由講價能夠節省 10% 的收入。他們的消費觀念就是為了過更好的生活。

比爾蓋茲(Bill Gates)的賺錢能力和賺錢速度都屈指可數,他僅用十三年時間就累積了富可敵國的龐大資產。他不僅會賺錢,更會花錢。富可敵國的比爾蓋茲,公務出差通常坐經濟艙,只有當旅程超過六小時才會坐商務艙。微軟(中國分公

司）總裁杜家濱講過一件事，他在機場看到比爾蓋茲身著 T 恤，背一個雙肩背包，手上再拎一個帆布包，沒有隨行人員也沒有其他行囊，不由得萬分感嘆。

還有一次，比爾蓋茲和一位朋友同車前往希爾頓酒店開會，遲到找不到車位。他的朋友建議把車停在飯店的貴客車位，可是比爾蓋茲不同意。他的朋友想自己付錢，比爾蓋茲堅持認為不應該讓汽車停在貴客車位上。到底是什麼原因使一個身價幾百億美元的比爾蓋茲不願多花錢將車停在貴客車位呢？

原因很簡單，做為一位艱苦奮鬥的商人，比爾蓋茲深深懂得花錢應像炒菜放鹽一樣恰到好處，哪怕只是很少的幾塊錢，也要讓每一分錢發揮出最大的效益。一個人只有當他用好了他的每一分錢，他才能事業有成，生活幸福。

與此相對應的是，許多人還沒有進入「小康」，或者剛剛踏進「小康」的門檻，卻已在大手大腳地亂花錢，尤其是為了所謂的「面子」而無節制地盲目高消費。其實，相互比較的心理是大多還沒有致富，頂多只是剛剛賺了一點錢的人的一種惡劣心態。

未雨綢繆才能幸福一生。不管過去還是現在，有遠見並且懂得用心理財的人，總是會獲得不錯的報酬。一個安於現狀、漠視理財的人，必然也是一個現實感很差的人。會理財的人，通常會有計劃、有步驟地理財，在增加收入、減少不必要的支出的同時提高家庭的生活品質。相反，那些自恃有錢而揮霍無

度的人，常常因為收支不平衡而深陷債務，結局都不太好。

因此，做為一個小康階層，即使你的眾多理財產品都在不停地為你工作，你也要精打細算，不該花的錢堅決不花，這是最簡單的理財之道。下面，一起來看看成功的小康階層是怎麼精打細算的。

一、開支有計劃

先對家庭消費做系統分析，在月初把每月必需的生活費（包括水電費、飲食費、電話費等）放在一邊，這樣就基本上控制了盲目消費。

二、花錢有重點

現在的家庭消費大致有三個方面：第一是生活必需品消費，如吃穿。第二方面是維持家庭生存的消費，如房租、水電費等。第三是家庭發展、成員成長和時尚性消費，教育投資、文化娛樂消費等。這些消費對每個家庭也都是必不可少的，但具體開支就要分清輕重緩急。

三、犧牲部分生活舒適度

在不降低生活品質的前提下，適當犧牲一點舒適度，就能夠節省幾張鈔票。比如說 KTV，晚上黃金時段的消費是全價，

而只要你犧牲一下早上睡覺的時間，呼朋喚友地在清晨到包廂來，價格只有三折。這是不是很划算呢？

四、購物的三分之一原則

花三分之一的錢買經典名牌，且多數在換季打折買，可便宜一半；另外三分之一的錢買時髦的大眾品牌，這部分錢可以使你緊跟潮流；最後三分之一的錢花在買便宜的無名服飾上，如造型別緻的白襯衫、夾克或者裙子等，完全可以按照你自己的美學觀點選擇。

五、把錢花在事業上

一個滿懷雄心壯志的人，應該為增加自己的成功機會而慷慨地花錢。例如：參加一個自我培訓課程，參加一個理財培訓班，加入一個有利於自己事業發展的俱樂部，等等，都會讓你自身的素養提高。這也是最有價值的投資。

總之，我們每個人都要做到閒時要有吃緊的準備，不計劃如何存錢致富，等於計劃如何挨窮。如果你每年不能累積一定指標的「利潤」，還要入不敷出，等於你在經營一家虧本公司，倒閉自然是遲早的事。要想成為一個標準的「小康」，並確保年老後還能非常穩定地享受「小康」的生活，你就必須養成精打細算的習慣。否則，有再高的薪水，有再多的資產，也是枉然。

> **理財小提示：學會預算說明你有計劃地消費**
>
> 預算是一張藍圖，它能幫助你有計劃地使用財富，使你用有限的收入最大限度地享受生活。約翰·洛克斐勒（John D. Rockefeller）每天晚上入睡前，總要算算帳，把每一美元的用途弄明白，然後才上床睡覺。
>
> 在記帳最初的一個月裡，我們要把所花的每一分錢作出準確的記錄。如果可能的話，連續做三個月的記錄。然後我們可依此弄清楚錢到底是花在哪裡，哪些支出是不必要的、應該減少的，哪些支出根本就是錯誤的浪費行為。久而久之，你就會不自覺地養成理性消費的好習慣，而這正是理財的關鍵。

理財從改變觀念開始

俗話說「你不理財，財不理你。」現在是財商制勝的時代。當今形勢下，銀行存款利息的實際價值遠遠低於名義價值。

越來越多人發現理財的重要性，有了理財的需要。但在實際操作中，很多人形成了錯誤的理財觀念。殊不知理財關係著人的一生，錯誤的觀念將有可能引導你走向彎路。因此，學會理財，要從改變觀念開始。

錯誤觀念一：理財是有錢人的專利

說到理財，很多人都會說：「理財？是有錢人的專利。我的

帳戶裡沒什麼錢，還理什麼財？」

　　這是一個錯誤的觀點。不管你錢多錢少，都應該理財。事實上，越是沒錢的人越需要理財。舉個例子，假如你身上有 10 萬元，但因理財錯誤，造成財產損失，很可能立即出現危及到你的生活保障的許多問題，而擁有百萬、千萬、上億元「身價」的有錢人，即使理財失誤，損失其一半財產亦不致影響其原有的生活。因此，必須先建立一個觀念，不論貧富，理財都將伴隨你的一生。

　　當然了，在芸芸眾生中，所謂真正的有錢人畢竟占少數，中下階層百姓仍占極大多數。消費水準的增加和生活壓力增加，讓很多人都覺得很累，特別是拿固定薪水的人。

　　因此，投資理財是與生活息息相關的事，沒有錢的窮人或初入社會又身無固定財產的小康，這些「新貧族」更不應逃避。1,000 萬元有 1,000 萬元的投資方法，1,000 元也有 1,000 元的理財方式。

　　理財應「從第一筆收入、第一份薪水」開始，即使第一筆的收入或薪水中扣除個人固定開支及家庭開支之後所剩無幾，也不要低估微薄小錢的能力。「滴水成河，聚沙成塔」的力量不容忽視。

錯誤觀念二：把錢存在銀行就是理財

我們生活中有一部分人對理財的理解非常狹隘，認為把錢存在銀行就是理財，既能賺取利息，還安全。事實上，在通貨膨脹和收入成長的侵蝕下，把錢存放在銀行裡，實質上的報酬率會接近於零甚至是個負數。所以想透過將錢存在銀行裡致富，那簡直比登天還難。有誰聽說過有單靠銀行存款而致富的人？將錢存放在銀行裡，到了年老時不僅無法致富，反而會連財務自由的水準都無法達到，甚至會有生活品質下降之虞。所以錢存在銀行裡，短期來看可能是最安全的，但長期來看卻是最危險的理財方式。

有人認為有錢人之所以致富，是因為有錢人運氣好或者從事了不正當或違法的行業。事實上，有錢人之所以致富，就在於有錢人與窮人的理財方式不同。有錢人的財產是以房地產、股票等方式存放的，而窮人的財產則是以銀行儲蓄的方式存放的。所以，如果你想躋身於有錢人的行列，你就不能將錢存放在銀行裡。

因此，理財專家建議：最好不要把自己所有的錢存在銀行。如果條件允許的話，應該選擇一些貨幣型基金等，因為銀行的定期存款利率再高，也不會高過這些投資產品的報酬。分紅型保險雖然收益可能和銀行定期存款收益差不多，但它附加的一些保險功能，是銀行儲蓄不具備的，因此也可以嘗試選擇。錢

只有在房地產市場、股市低迷的時候才暫時放在銀行裡保本，以迴避市場風險。一旦房地產市場、股市復甦，就應該立即拿出錢來投資到這些高報酬的市場，以享受豐厚的市場報酬。

錯誤觀念三：我沒有時間理財

現代人最常掛在嘴邊的就是「忙得找不出時間來了」。每日為工作而庸庸碌碌，常常覺得時間不夠用的人，就像常怨嘆錢不夠用的人一樣，是「時間的窮人」，似乎恨不得把 24 小時變成 48 小時來過。但上天公平給予每人一樣的時間資源，誰也沒有多占便宜。

在相同的時間下，就看各人運用的巧妙了。有些人是任時間宰割，毫無管理能力，24 小時的資源似乎比別人短少了許多，有人卻能「無中生有」，有效運用零碎時間，利用自動化及各種服務業代勞，「用錢買時間」。

事實上，時間管理與理財的原理相同，既要「節流」還要懂得「開源」。要「賺」時間的第一步，就是全面評估時間的使用狀況，找出所謂浪費的零碎時間，第二步就是有計劃地整合運用。當你把「省時」養成一種習慣，自然而然就會使每天的 24 小時達到「收支平衡」的最高境界，而且還可以遊刃有餘的處於閒暇的時間去理財。

「忙」和「沒有時間」都只是藉口而已，會理財的人也都很

忙，而且也都慢慢變得有錢。理財和時間之間沒有必然關係，關鍵是看你有沒有理財概念，看你想不想理財，會不會節省時間來理財。如果你把自己的時間打理好後，用心理財，你會發現理財是一件很輕鬆的事情，真正做到工作、賺錢兩不誤。

錯誤觀念四：學會理財就能一夜暴富

我們生活周圍有些人，特別是稍微有點理財概念而又不是特別精通的人，對某種單一的投資工具有偏好，如房地產或股票，喜歡將所有資金投入，孤注一擲，急於求成，他們的想法是，要嘛就不理財，要嘛就一夜暴富。殊不知，靠這種方式理財的人期望發大財，比中彩券還要難。

有部分的投資人是走投機路線的，也就是專做熱門短期投資，今年或這段時期流行什麼，就一窩蜂地把資金投入。這種人有投資觀念，但因「賭性堅強」，寧願冒高風險，也不願踏踏實實從事較低風險的投資。若時機好也許能大賺錢，但時機壞時也不乏血本無歸、甚至傾家蕩產的血淋淋例子。

理財不是投機，不可能一口氣吃成大胖子。只管衡量今天或者明天應該怎樣，本身就是一種非理性的想法，你真正需要的是一個長期策略。

目前的投資工具十分多樣化，最普遍的不外乎有銀行存款、股票、房地產、期貨、債券、黃金、基金、外幣存款、海

外不動產、國外證券等，不僅種類繁多，名目亦分得很細，每種投資管道下還有不同的操作方式。而市場短線趨勢較難把握，我們不妨運用巴菲特的投資理念，把握住市場大趨勢，順勢而為，根據自己的情況進行投資組合，將一部分資金當作中長期投資，建立「理財不是投機」的理念，放遠目光。

理財小提示：理財可以改變人的一生

理財可以改變人的一生，無論是窮人和有錢人都應該學會理財。「家有千金之玉不知治，猶之貧也」，收入豐厚的富裕家庭收支龐大繁雜，更要理財。管理得當則「日進斗金」，生活蒸蒸日上；否則，可能一敗塗地，成為為世人唾罵的「敗家子」。

對於普通家庭來說，理財更為重要。理財是人們提高生活品質的關鍵，是家庭抵禦不測風險和災難的積極措施，是家庭安排富餘資金、制定投資目標的有力助手。學會理財，將受益一生。

未雨綢繆制定理財計劃

財富對任何人來說都有不可抗拒的魅力，但擁有財富不等於具有駕馭財富的能力，任何人都需要仔細衡量自己的理財行為。如果對財富的使用缺乏理性規劃，即使有再多的錢，也只能是暫時的，隨著時間的流逝，這些錢也會漸漸流失。因此，

未雨綢繆制定理財，對一個家庭來說顯得尤為重要。

理財的關鍵是合理計劃、使用資金，使有限的資金發揮最大的效用。而制定理財計劃，如同減肥，恰當的方式不止一個，至於哪個方式最好，因人而異。高收益的理財方案不一定是好方案，適合自己的方案才是好方案，因為報酬率越高，其風險就越大。適合自己的方案是既能達到預期目的，風險最小的方案，不要盲目選擇報酬率最高的方案。記住：你理財的目的不是為了賺錢，而是在於使將來的生活有保障或生活的更好。以賺錢為目的的活動那叫投資！因此，善於計劃自己的未來需求對於理財很重要。

如何制定理財計劃，摩根史坦利（Morgan Stanley）資產管理公司的管理者蘇珊說：「人們犯的最大錯誤是沒有方向，不知道要實現什麼目標。」她說，首先根據實現的時間和必要性將目標分類。短期的目標是賺夠房租；賺取大學學費或購房的分期付款可能是中期的重點；最常見的長遠目標是養老金。

具體來說，制定理財計劃有以下幾個步驟。

一、確定目標

定出你的短期財務目標（一個月、半年、一年、兩年）和長期財務目標（五年、十年、二十年）。拋開那些不切實際的幻想。如果你認為某些目標太大了，就把它分割成小的具體目

標。明確的目標將帶領你有計劃的執行。

二、排出次序

坐下來，和你的家人一起討論，哪些目標對你們來說最重要？是先存出養老錢，還是先買房子，用出租房子的錢來養老？做到有的放矢，才能加速行動。

三、所需的金錢

培養一個大學生要多少錢？養老金要多少錢？買房子要多少錢？保險要多少錢？……計算出要實現這些目標，你需要每個月省出多少錢。

四、個人淨資產

淨資產是你所有的資產減去你的負債後的淨額。算算看你有多少淨資產？

五、清楚自己的支出

翻一翻帳本，看看自己過去三個月的所有帳單和費用，按照不同的類別，列出所有費用專案。掌握自己每月平均支出。

六、合理消費和支出

理財不是一邊賺錢一邊奢侈的花錢，它是建立在你合理消費的基礎上。因此，要理財就要養成合理消費的習慣，該花的錢一定要花，不該花的錢一分都不要花。比較一下每月的收入和費用支出，看看哪些項目是可以節省一點的，像是天天在外面解決晚餐。哪些項目是應該增加的，像是家人的保險。

七、堅持定期儲蓄

堅持養成定期儲蓄的好習慣，比如把你每月薪水的 30% 放入銀行。你可別小看了那 30%，長期累積下來可不是小數目。如果用複利的方式，其數目更加不可想像。記住：這是實現個人理財目標的關鍵。

八、控制透支

信用卡是好東西，讓人們可以不用帶一堆錢出門，更加便利，可是當你爽快的刷卡、簽名的同時，不要忘記那是在花自己的錢。當你每月都收到銀行郵寄過來的帳單時，也不要驚訝那是你自己的透支。因此，每次你想買東西之前，問一次自己：真的需要這件東西嗎？沒有了它就不行嗎？控制了透支，你才會有錢存下來。

九、投資生財

所謂理財，就是把自己的錢投資在適合的地方來進行增值，比如股票、基金、債券、黃金還有房地產。但是，投資總是伴隨著風險存在，如果你還沒有足夠的知識來防範風險，就購買風險小一點的產品，像是基金，行情好的情況下，它們的報酬率會比存在銀行的利息高一些。

十、購買保險

也許你會覺得整天打電話的保險推銷員很煩，但是不要忘記保險會未雨綢繆，在你意外或受到傷害的時候給予你必要的經濟支持。如果你失去工作能力，就無法賺錢，因此，健康險很重要。財產保險對家庭財產占個人資產比重較大的人尤其重要。試想一下，如果遭受火災，重新購置服裝、家具、電視等等，總共需要多少錢？總之，保險就像一把保護傘，天氣好的時候，放在家裡好好收藏，一到下雨天就要拿出，顯出它的用處來。

十一、購買房子

當你有足夠付首付的房錢時，當你的工作穩定時，當你的各種防範措施做好時，就開始為買房子努力吧！至少，擁有自己的房子可以節省你的租金。

十二、充分重視退休金帳戶

如果你還在職，毫無疑問，每年都應確保養老計劃和你個人的退休金帳戶有充足的資金來源。

理財小提示：小康階層在臺北生活要 5,800 萬，你準備好了嗎？

一個中層的小康階層家庭在臺北生活，要 5,800 萬元！你準備好了嗎？或許你不相信，有人簡單地計算如下：

一、房子。在臺北，買一間好一點的住宅，加上裝潢等至少要 3,000 萬元。

二、車子。好一點的要 60 萬，每月的養車費、燃油費、修理費等 5,000 元。假設 10 年換一輛車，30 年下來，需要 $60 \times 3 + 0.5 \times 12 \times 30 = 360$ 萬元。

三、孩子。培養一個孩子至大學畢業最基本需要 205 萬元，還不算出國留學費用。

四、孝敬夫妻雙方的父母。每人每月 5,000 元（不含醫療費用），共計 720 萬元（5,000 元 ×4 人 ×12 月 ×30 年）。

五、家庭開支。一家三口，每月開銷 20,000 元，需要 720 萬元（20,000 元 ×12 月 ×30 年）。

六、休閒生活。旅遊、健身等一年 12.5 萬元，30 年下來需要 375 萬元。

七、退休金。退休後再活 20 年，每個月和老伴用 15,000 元，共計 15,000 元 ×12 月 ×20 年 = 360 萬元。

合計：3,000 萬元（房子）+360 萬元（車子）+205 萬元（孩子教育）+720 萬元（贍養父母）+720 萬元（家庭支出）+375 萬元（旅遊休閒）+360 萬元（頤養天年）= 5740 萬元。

了解富豪的理財思路

縱觀世界，有三種創造財富的途徑。第一種是受雇於人致富，目前靠尋常工作換取薪水的人占 90％以上；第二種是創業致富，目前這類群體只占致富總人數的 10％左右；第三種是理財致富，用不同的理財方式創造財富，目前職業投資家不足 1％。

如果你對以上三種創造財富的途徑進行分析，會發現一個結果：靠受雇於人致富，財富目標大約可達到年薪百萬元這樣的級別；如果靠創業致富，財富目標可達到年收入千萬元的級別，極少數可以達到億萬元；但要是經由投資致富，財富目標可能會更高，具有「投資第一人」之稱的億萬富豪華倫‧巴菲特先生就是用一輩子的投資致富，財富達到 440 億美元。

也許，你認為富豪的發跡只是偶然，並不適合普通人。但你看完下面的資料你就會明白。

如何讓你的孩子成為億萬富翁？你只需按照下列方法去做就可以了：

假如你的孩子剛剛出生，你打算在他（她）60 歲時讓他

（她）成為億萬富翁，則從現在開始每個月只需投資 775 元新臺幣，每年的投資報酬率保證在 12%以上，那麼 60 年後他（她）的資金將累積到 1 億元。

如果你現在已經給他（她）儲蓄了 2 萬元，那麼只需每個月投資 575 元，60 年後他（她）也會成為億萬富翁。

如果你現在已經有 10 萬元，而且每年的投資投資報酬率 12%，那麼你不但不需要再投資，而且每個月還能得到 226 元的報酬，你的孩子 60 歲時也將成為億萬富翁。

有的父母會說我們每個月用那麼多錢，不夠了。好吧，你每個月節省下來 100 塊錢總可以了，如果你的年投資報酬率是 12%，那麼 60 年後也將是 12,913,767 元，也是一個千萬富翁。

因此，投資理財沒有什麼特別的奧祕，也不需要複雜的技巧，只要堅持養成儲蓄的習慣，然後合理投資，你就能實現。

以前，我們常說知識改變命運、環境改變命運、能力改變命運等等，但今天，面對各種的投資理財管道，你也不得不建立一個全新的觀念：理財改變命運。如果你還不相信，就來看看靠理財改變命運的富豪：

前面提到的世界首富的巴菲特；

數年由 4 萬美元變成 2,000 萬美元的華爾街短線高手馬蒂‧舒華茲（Marty Schwartz）；

靠借來的 400 美元變成了兩億多美元的理查德·丹尼斯（Richard F. Dennis）；

還有由賣身還債、用 40 年時間在股市白手起家，資產達 4,150 億日元的日本首富系山英太郎；

⋯⋯

由此可見，理財是我們每一個人都可為且不得不為的事。從世界財富累積與創造的現象分析來看，真正決定我們財富水準的關鍵，不是你選擇打工還是創業，而是你選擇了理財投致富，並進行了有效的投資。

那麼，那些身價不菲的富豪們身上有哪些可以我們借鑑的經驗嗎？

休士頓一家財務顧問公司訪問了 1,000 多位有百萬美元資產的人，了解他們的生活細節。訪問發現了許多富翁共有的特徵，這裡列舉幾個供大家參考。

第一，富翁們至少會買一棟自己的房子

房子是一個特有的固定資產。買房子不但是一種強迫儲蓄，也是一種優良的投資，同時還會使生活品質得到提升，一舉數得。房價的上漲很可能會為你帶來可觀的資本增值。

第二，量入為出，讓支出小於收入，累積財富

許多富翁並沒有驚人收入，但是他們能夠控制支出。用富翁的方式花錢會讓人感覺好像是很富有，但當最後一分錢花掉或最後一份信用用盡時，富翁下場將比一位普通人更慘。因此，大多數富翁的生活方式都很節儉。

第三，喜歡購買品質優良的二手車

這是一個出人意料的發現。大家可能會覺得富豪們的座駕是新款豪華汽車，或者是全球限量版的汽車，可事實上不是這樣。豪華和限量版都是奢侈人的做法，而真正的富豪們都很節儉，連自己的汽車都會在品質和價格間尋找均衡值。

第四，很早就開始有了理財概念

如果你還沒有開始注意、計劃並管理自己的財務，那麼，從現在開始還為時不晚。不過，光有意識還是不夠，重要的是必須執行。正如亞洲首富豪李嘉誠所主張的：20 歲以前，所有的錢都是靠雙手勤勞換來，20 至 30 歲之間是努力賺錢和存錢的時候，30 歲以後，投資理財的重要性逐漸提高。所以，李嘉誠有一句名言：「30 歲以前人要靠體力、智力賺錢，30 歲之後要靠錢賺錢。

第五，絕不欠信用卡債務

這個發現的意義是，如果欠下信用卡債務，就必須動用銀行儲蓄，動用銀行儲蓄，就意味著你下個月多儲蓄，可事實上你的支出卻會增加，因此會影響你很難成為富翁。

第六，在做孩子的理財榜樣

榜樣的力量無窮大。如果你以身作則，知道怎樣計劃和安排你的財富，你的孩子也會向你學習。另外，如果你提早給孩子灌輸理財概念，那麼這將是給孩子最好的禮物。

理財小提示：成為富豪的信條

一、自己當老闆。

為別人打工，你絕不會變成鉅富，老闆一心一意地縮減開支，他的目標不是使他的職員變成有錢人。

二、不要一直都想著發大財，不如你想想如何改進你的事業。

你應該常常問自己的是：「我如何改良我的事業？」如何使事業進行順利，財富就會跟著而來。

三、盡量把時間花在你的事業上，一天十二小時，一星期六天是最低的要求。

一天十四小時到十八小時是很平常，一星期工作七天最好了。你必須犧牲家庭和社會上的娛樂，直到你事業站穩為

止，也只有到那時候，你才能把責任分給別人。

四、不要冒你承擔不起的風險。

如果你損失十萬元，若損失的起的話，就可以繼續下去，但如果你賠不起五萬元，而一旦失敗的話，你就完蛋了。

五、一再投資。

不要任你的利潤空閒著，你的利潤要繼續投資下去，最好投資別的事業或你控制的事業上，那樣，錢才能錢滾錢，替你增加好幾倍的財富。

六、請一位高明的理財專員。

他會替你節約更多的金錢和時間，比起你所給予的將要多得多。

七、請一位精明的會計師。

最初的時候，你自己記帳，但除非你本身是個會計師，你還是請一位精明的會計師比較好，可能決定你的成功和失敗 —— 他是值得你花錢的。

八、請專家替你報稅。

一位機靈的稅務專家，可替你免去很多的稅。

九、無論如何，請保持平靜心靈，擁有健康的身體，否則的話，擁有再多的錢也沒有什麼意思。

第 2 章　保險是優先考量

　　保險是生活的必需品。飛機沒有保險就不能起飛，
輪船沒有保險就不能出港，社會不能沒有消防隊，國家
不能沒有國防。每個家庭和個人，都應有這樣的觀念。
身處社會之中，風險無處不在。為防患於未然，每個家
庭都需要從收入中拿出 1/10 來投入安全保障。無事時準
備有事，有錢時準備沒錢。

保險的功用

「天有不測風雲，人有旦夕禍福。」是保險公司常用的行銷術語。在現實生活中，有很多人不願意購買保險，認為買保險是浪費自己的錢財，還有人認為買保險不吉利，那不是詛咒自己出事情嗎？還有人認為自己健健康康，能吃能睡能工作，什麼問題也沒有，購買保險幹什麼呢？其實，這都是人們片面的看法。保險是一種延期兌現的商品，它的作用是防患於未然。

具體來說，保險有以下幾個方面的作用。

一、轉移風險：買保險就是把自己的風險轉移出去，為眾多有危險顧慮的人提供了保險保障。而接受風險的機構就是保險公司。不過，保險公司接受風險轉移時因為有規律可循，摸清規律能夠盡量避免風險。

二、均攤損失：自然災害、意外事故造成的經濟損失一般都是巨大的，是受災個人難以應付和承受的。保險人以收取保險費用和支付賠款的形式，將少數人的巨額損失分散給眾多的被保險人，從而使個人難以承受的損失，變成多數人可以承擔的損失，這實際上是把損失均攤給有相同風險的投保人。

三、實施補償：實施補償要以雙方當事人簽訂的合約為依據，補償的範圍主要有以下幾個方面：投保人因災害事故所遭受的財產損失；投保人因災害事故使自己身體遭受傷亡或保

險期滿應結付的保險金；投保人因災害事故依法對他人應付的
經濟賠償；投保人因另外一方當事人不履行合約所蒙受的經
濟損失。

四、抵押貸款和投資收益：客戶雖然與保險公司簽訂合約，
但客戶有權中止這個合約。部分保單在客戶資金緊缺時可申請
貸款。如果你急需資金，又一時籌不到，便可以將保單抵押在
保險公司，從保險公司貸款。

五、保值增值：一些人壽保險產品不僅具有保險功能，而
且具有一定的投資價值，如果在保險期間出現了保險事故，保
險公司會按照約定給付保險金；如果在保險期間沒有發生保險
事故，那麼在給付期滿時，你所得到的保險金不僅會超過你過
去所交的保險費，還有本金以外的收益。

可見，保險的作用非常大，對於我們每個人、每個家庭都
很重要。那麼，經濟不景氣時保險還會起相同的作用嗎？

那是當然的！

無論什麼樣的時期、什麼樣的年代，都存在風險，保險需
求永遠客觀存在。越是在經濟蕭條年代，保險業作用越大。美
國 1929 至 1933 年的經濟危機是歷史上最大的經濟危機。許多
保險從業人員扮演了免費為客戶制定理財規劃的角色，是現在
保險業蓬勃發展的基礎。

　　經濟蕭條時期，人們總是設法節省開支，汽車少開，大房子不住，飯店不去，但維持生存的基本開支是省不了的。比如：生病必須看醫生，發生意外必須支付高昂的醫療費用等等。越是艱難的時期，人們越需要注重防範風險，必須有應對和補償風險損失的辦法。而只有保險和救援服務才是最經濟的方式，因為這類產品具有補償損失的作用，讓人們花較少的錢，解決很大的問題。

　　如果一朝大病臨頭，許多人債臺高築，也無力承擔高昂的醫療費用，耗盡積蓄。如果投保壽險和醫療保險，便可避免住院治病時的經濟尷尬和病後的窘迫。

　　或許不少人不在乎、不畏懼死亡，但他的家人卻可能因失去親人而陷入無盡的痛苦和失去依靠的困境之中。投一份保險，也是承擔一份責任，傳承一份愛。

　　意外事故固然難以預料，但在世界各地隨時都在發生。如遇不測，誰願意成為父母、親人的負擔？或者讓本來拮据的家境雪上加霜呢？這時候，殘疾保險金可以從經濟上免除或減少經濟負擔或壓力，也由此減少心理的壓力和負擔。

　　要想退休的日子要活得灑脫有尊嚴，年輕時早準備、早投資買保險，年老時才能衣食無憂，度過一個無限好的晚年。

　　某位企業老闆因經濟危機，商品賣不出去，薪水無法支付，最終申請破產，債務纏身。屋漏偏逢連夜雨，自己又得了

重病身故了。如果這位曾經風光的老闆沒有購買人壽保險，他的家人會過得很困窘；如果他生前投保了定期或終身壽險，保險公司必須給付人身保險金，其家庭將因此而度過危機。

不過，在股市狂跌、房地產泡沫，全球經濟一片灰暗的艱難時期，全世界的小康都要面臨生活拮据的現實問題。建議在開支方面做結構性調整，抓緊錢包，做好家庭理財。萬一發生大的必要開支，像是醫療或意外傷害救治，沒有錢萬萬不能！

最簡單、最經濟的辦法就是參加短期意外傷害險、提高醫療保障。如果從保障角度和 CP 值來看，意外險無疑是最實惠的選擇。通常每年只需支付數千元即可獲得數十萬乃至於百萬元的意外事故賠償。投保人購買的意外險額度不需要太高，可以參考自己已經購買其他險種產品的額度來制定，只要能夠提高保障即可。

人生會面臨許多的風險和財務問題，當問題一旦來臨，有時候你會招架不住，而保險就像是一道防護牆，幫你抵擋風險，分擔憂愁，讓你重振信心，繼續向前。它以明確的小投資，來彌補不可捉摸的大損失。保險金在遭遇病、死、殘、醫的重大變故時，可以立即轉換為周轉金和急難救助金。

因此，在金融危機到來時，保險肩負著保全資產、補償損失、穩定人心和社會的重要作用！

投資保險應採取適當的保費預算和保額需求，不要過高，也不要過低。專家建議採取雙十原則，即保費的支出是以年收入的 1/10 為原則，若超出年收入的 1/10，恐怕會造成經濟負擔，進而陷入無力繳納保費的尷尬局面。至於保額需求，則約為年收入的 10 倍，才算比較妥當的保障。

一定要給家庭支柱買一份保險

如今給自己或家人買份保險已是家庭最普通的消費之一，保險做為家庭理財的必要支出之一已經越來越被重視。不過，人們在購買保險時都會犯一個錯誤：先給孩子買保險。

一個社區中，約有 80 至 90% 的家庭給孩子都買了保險，但是這些家庭中孩子的父母沒有買保險的占大多數。

孩子是父母的心頭肉。父母認為孩子沒有自我保護能力，而大人可以保護自己，所以給孩子買保險。還有很多父母非常愛自己的孩子，以至於有什麼好東西就先給孩子。當聽說保險有保障時，也先給孩子買，認為這也像是好吃的、好喝的、好玩的，先給孩子買保險。這真是大錯特錯！

事實上，保險是保一個人的經濟價值。對於一個家庭而言，最具有經濟價值的人是家庭的經濟支柱。

試想一下，當我們的收入突然中斷時，將會出現什麼狀

況？年邁的父母需要贍養，年幼的子女正在成長而需要父母的經濟支援，他們怎麼辦？對於收入不高的家庭，只靠經濟支柱的收入，生活已經過得不易，一旦失去家庭的核心，情況不是更嚴重嗎？

每個家庭的支柱都是大人，一旦他們因意外、疾病等喪失工作能力或者是失去收入時，家庭就將陷入困境。因此，買保險要遵循一個原則：先給家庭的經濟支柱買一份保險。家庭支柱的平安健康才能給家庭帶來安全感。

「愛」若是沒有帶來任何保障，就好似只開了一張空頭支票。你給家人的「愛」，有兌現的保障嗎？我們一起來看一個案例。

余老闆在建材市場做建材運輸生意，年收入在 250 萬元以上，妻子原本是祕書，有一個 10 歲的女兒，一家人過著其樂融融的日子。後來因為孩子的教育問題，妻子乾脆辭職在家做個全職媽媽，自己扛起了女兒的教育。

關於購買保險，余老闆第一個想到的妻子和孩子。他給妻子買了一份重大疾病險和一份養老險，給孩子買了一份意外險，年繳保費 15 萬多新臺幣。而自己卻沒有買任何保險。

一年後的一天，余老闆開車經過一個工地時被鐵架上意外飛下來的一個磚頭砸中了車，汽車方向失靈撞向了牆當場死亡。在得知噩耗後，妻子哭得昏了過去……

　　除了得到工地有限的賠償，余老闆死後沒有得到任何的賠償。余老闆的突然逝世，給家庭造成了沉重的打擊，余老闆做生意有很多的生意夥伴，可是在他離世後欠他錢的人全跑不見人影。他的債主卻都上門來了，家裡現金很快就沒了，妻子只能變賣房子還帳。妻子一下子從衣食無憂變成流離失所，生活的困苦更不用說了，而一年多以前丈夫給自己和孩子買的 10 年期保險，已經成了一個巨大的經濟負擔，她不得不將其退掉。

　　對於一個家庭來說，保一家之經濟支柱就是在保一個家庭，所以在做保險規劃時要切記誰最該保？誰最先保？那就是給家庭帶來主要收入來源的那個人。而對於家庭支柱本身來說，你要給你的家人做好充分的準備，尤其是當你不能賺錢的時候怎麼辦，而保險就是給家人最好的一道生活安全防護罩。

　　如果把這個順序弄反了，你給所謂「最需要保的人」所買的那些保險，在支柱出現風險後不僅沒有任何作用，還會成為家人沉重的負擔。

　　家庭支柱在做保險規劃時，選擇適合的保險公司也很重要。而選擇保險公司，最需要考慮的是保險公司的實力、償付能力、公司信譽等。

　　同時，由於保險的專業性，最好選擇專業的保險理財顧問來為你做規劃。專業的保險理財顧問能夠分析我們目前的家庭經濟狀況及潛在財務風險，知道你的風險偏好程度，能為你量

身打造適合的保險計劃。

不過，所有家庭經濟支柱的規劃重點不難一概而論。對於不同收入階層的家庭支柱，保險的功能及重點也有所不同。需要根據自己的經濟能力和家庭經濟需求制訂相應的保險規劃。

超高收入者，主要是利用保險分散投資風險、增加投資組合、減少損失。保險是最安全穩健的資投資方式。保險重點應表現在資產規劃和財富安全。

對於中高收入者，主要是利用保險來進行家庭保障、子女教育規劃、退休養老計劃。保險重點應在保證良好生活品質、家庭保障兼顧投資理財。

對於一般收入者，主要是利用保險來進行醫療保障、意外傷殘保障、身故保障。一般收入者的家庭抗風險能力較弱，保障最為急需。保險重點應在緩解燃眉之急、保障基本生活。

任何保險不是高額越高的越好，而是適合的自己才是最好的。購買保險，切忌互相比較的心態。因此，保險規劃還需要注意安排適合的保額和保費。保額的尺度應考慮被保險人的賺錢能力和需撫養、親人的生活費以及尚未償還的房屋貸款等綜合因素。適合的保費，原則就是以不影響目前生活品質為前提。

在保險產品的輕重緩急、安排先後次序上，保險產品最先考慮意外、醫療和身故保障，其次考慮教育金、養老安排。

同時，需要根據不同的投保目的，選擇相應的保險產品。出於規避遺產稅的考慮，可投保終身壽險。需要以較低保費獲得較高保障者，可選擇意外險、定期壽險。

最後，投保後你還需經常檢視保單，清楚自己的保險計劃。當家庭經濟和人員發生改變時，還要適時調整自己的保險計劃。

理財小提示：保險是理財的好工具

保險是一種很好的理財工具。首先能使你的資產安全。當你的資產在遇到風險時不受或者少受損失，且能夠保值增值。其次，投資保險其實就是對風險的投資，為我們自己不願意承擔的風險去投資。當風險一旦來臨，不能讓風險對自己造成沉重的打擊，不能讓財富損失，最好還要能將風險變成賺錢的事情。那就是保險了。

小康家庭應制定穩健的財產計劃

在動盪不已的經濟環境下，小康們應該準備怎麼樣的理財計劃呢？

大多數人喜歡把錢存在銀行，銀行存款一直是資金的主要管道。錢存在銀行裡是有利息收入的，以為穩賺不賠，這是最安全的管道。然而，把錢存在銀行就能保值增值了嗎？當然，

在動盪不已的經濟環境中，保持財務穩定，執行穩健的財產計劃是很有必要的，但這也許並不是最好的理財方式。

目前銀行存款利率仍低於物價上漲指數，實際上存銀行已經是負利率了。而且，經濟界人士普遍預期，這一狀況將持續或者進一步加劇。因此，大量資金投向銀行存款，不但不能增值，也不能保本。

在這種背景下，理財專家提醒：一方面，要適當調整銀行存款在家庭資產中的占比，存款比例不宜過高；另一方面，為規避利率進一步上升及通漲加劇的風險，存款期限應保持中短期為宜，給未來留下適時調整的空間。

此外，你還可用分割存款的方式理財，即把存款分為多筆金額較小的部分，再根據自己的需求存款期限。這樣不但定期有存款到期，急用錢時不用提前支取，即使不用錢，也可利用轉存不斷地享受較高利率。

喜歡儲蓄是很好的事，但也不能過度，如果你把所有的資金都放在銀行，遇到通貨膨脹的話，今天的 10 萬到明天就不值 10 萬了。因此，聰明的理財者要把保險列在你的理財計劃中。從某種意義上來說，保險甚至要放在儲蓄之前。

然而，當前的形勢並不樂觀，很多人並沒有把保險當成一種理財方式。目前許多人仍處於保險保障的空白區。不願意購買保險的人們，往往認為自己身體好，厄運也不會降臨到自己

頭上，買保險是浪費錢。

　　理財專家認為，適量的投資保險產品，可以讓家庭出現財務危機的時候分擔風險。意外險和健康險會在你的身體出現重大損傷的時刻發揮作用，是家庭理財要率先考慮的。目前，對於 30 歲左右的男士，每年 7500 元左右的支出，就可以享有較好的保障。如果經濟條件許可，也不妨採取一次性支付保費獲得保障的方式。

　　另外小康家庭要做好資產配置結構的調整，在保障現有家庭生活的前提下，謹慎投資，合理實施穩健的投資計劃，就一定能讓大家走向光明的未來！

理財小提示：保險和儲蓄的不同

保險和儲蓄雖然都是理財方式，但二者有很大的不同。

一、保險和儲蓄都可以為將來的風險做準備，但它們之間有很大的差別。用儲蓄的方式來應付未來的風險，是一種自助行為，並沒有把風險轉移出去，而保險能夠把風險轉給保險公司，是一種互助合作的行為。

二、在銀行儲蓄是存取自由的，而保險則帶有強制儲蓄的意思，能幫助你迅速存一筆錢。

三、在銀行儲蓄中，金額包括本金和利息。而在保險中，你能得到的錢大多是不確定的，它取決於保險事故是否發生，而且金額可能遠遠高於你所繳納的保險費。

四、在銀行存的錢是自己的，只是暫時讓銀行使用。而購買保險所花的錢不再屬於自己，歸保險公司所有，保險公司按保險合約的規定履行其義務。

現階段應謹慎投資，保持資金流動性

按照收入水準來說，富裕的那部分人當危機發生時，財富出現一些縮水，但還不至於受到致命的影響。而相對貧窮的那部分人本身就不是很好，加上政府的補貼和扶持，生活也不可能發生特別重大的改變。

因此卡在中間的小康階層受到的影響是最大的。經濟形勢好的時候，可以有一個相對穩定的收入來源。由於資金情況很好，貸款後能夠購置汽車甚至房產、維持好的生活水準。但如果經濟形勢出現反轉，收入來源變得不那麼穩定，那麼就不能再去過多貸款進行消費。因此，對於小康家庭來說，不管是現在的生活品質，還是未來的理財規劃，難免要受到影響。

從需求的角度而言，經濟形勢不佳，小康群體的理財應該更謹慎，以求穩為主，保持資金流動性。大家都說現在是現金為王，對於現在的情況來說是很有必要的。

那麼，小康家庭應該怎麼調整資產配置呢？在經濟形勢預期向上的情況下，我們可以進行長期投資，進行價值投資，你可以把大部分資產放到股票、基金裡去，比如用 50% 的資金來

做這方面的投資。但現在情況不同了。

如果經濟形勢差，就必須做出短期投資的調整。長期持有是對的，但是現在的時機並不適合。如果要長期持有，最好是等到市場穩定一些了，經濟形勢好轉一些，再長期持有為宜。

另外，做為小康階層應該更多地關注家庭風險的防範。每個家庭都應該制定出自己的家庭風險保障方案。從收支兩條線上來看，主要有兩塊，一個是家庭收入來源保障，另一個是防範突發性的大量資金支出。

我們知道，收入來源分為可控和不可控的。可控的就是工作、就業。不可控的因素，像是一些意外事故、重大疾病等等，它導致自己的工作無法繼續，從而嚴重影響收入的穩定。

而在突發性的鉅額支出上，一般來說最常見的就是重大疾病。現在醫療費用很高，常常有因病致貧的說法。萬一不幸，自己或者家人患上重病，會嚴重損害家庭的財務平衡。

那麼，對於這些風險要如何防範呢？我們認為，首先做好可控的，把不可控的交給專業的風險保障機構，也就是保險來做。投保人可以從保險公司獲得相應的保障。藉由投保意外險、健康險，就可以在收入預期不穩定、風險抵禦能力低的情況下，防範發生不幸的風險。

總之，在現在的形勢下，保持資金流動性是非常重要的。

在做好保障之外，投資者也可以把資金拿出來做一些中短期投資，以流動性較強的產品為主。建議大家不要急於投資房產、汽車等長期高單價商品，選擇貨幣基金可能要好一點，短期定額存款也是很好的選擇。建議至少要保證三到六個月的救急資金，如果工作、生活有一些變動，也能夠提供很好的資金補充。

理財小提示：現金為王並不等於把錢都存銀行

在金融動盪影響下，保值財富、現金為王成為很多投資者慘敗之後的教訓。而現金為王並非只意味著活期存款或者貨幣型基金，專家表示：所有適合自身流動性的配置都是實現現金為王的捷徑。只要保持資金流動性就好。現金為王只是一種觀念，要時刻提醒自己謹慎投資。

另外，對於手中的金融資產例如銀行帳戶、信用卡、基金、信託和銀行產品，要整理並控管。

保險不是暴利投資

在「穩健、保值」的理財觀念主導下，保險理財在目前看來是值得考慮的方式之一。購買保險對資金進行合理安排和規劃，防範和避免因疾病或災難而帶來的財務困難，同時可以使資產獲得理想的保值和增值。保險還具有強制儲蓄的功能，是一種有效的理財方式。

不過，很多原本是保守型投資者將投資視線逐漸投向保本

型、穩健型的投資理財產品，特別是兼具儲蓄、投資、保障等功能於一身的投資型保險產品逐漸引起投資者的青睞。

然而，大家在進行投資理財時，都抱有一種心態，認為投資型保險是一本萬利的事情，是暴利投資對象。保險的主要功能是抵禦風險、補償損失。它的本義是透過保險給付或者賠償實現風險轉移或者生活補償，而不少投資者卻把投資型保險當作純粹的投資產品來購買。這是非常不理性的做法。雖然投資型保險產品是與投資收益掛鉤的一種保險，具備保障和理財雙重功能，但是並不及真的投資產品，比如股票和基金。

做為投資者，應在充分購買保障型險種後再考慮投資型險種。購買保險的順序應依次為意外險、醫療險、重疾險、養老險、投資型保險，首先應該全面考慮所有家庭成員保障是否充足，在此基礎上方可考慮購買一定金額的投資型保險產品。

因此，小康階層對待投資型保險產品，需要保持正確的心態。投資型產品都有保險責任，給付身故或者壽險金，同時還可以附加意外，重大疾病，給客戶多方位的保障。它給出的收益通常很有吸引力，尤其是在銷售人員推薦時，更容易將沒有實現的分紅率誇大。抱有投資收益心理的投資者往往聽信了預期的報酬率，形成了高度心理預期。其實，保險的收益並不固定，有的保險有保底收益，比如萬能險，不過並不高，年利率大概在 2% 左右，有的投資保險並沒有固定的收益，像是

分紅險。

當前市場上的投資型保險產品主要可分為變額壽險、變額萬能壽險、投資鏈結型保險及變額年金。

如果你確定要購買投資型保險，就需要了解投資型保險產品的種類和特點，選擇適合自己風險偏好的產品，不要盲目。

在保險產品的選擇上，建議首要以保障型產品為主：如終身壽險、意外險、健康險，利用保險的保障功能，對家庭做好充足保障，做到「立於不敗之地」。在資金充足的情況下，可以考慮投資與保障兼顧的投資型保險我。

另外，子女的教育是小康家庭很注重的，可以利用保險的財務規劃功能為子女安排教育基金。在安排自己的養老金上，小康家庭可以考慮使用結餘部分資金來做養老保險，減少後顧之憂。

現在保險市場上保險公司數量較多，各家保險公司出於迅速增加保費規模的考量，投資型保險產品日新月異，所以投保人在購買投資型保險時，要多比較分析各家公司投資理財型保險的差異，從中挑選對自己最適合、CP 值最佳的投資型保險產品。

在投保的比例上，一般要把投保費用控制在家庭年收入的10% 至 20% 左右。小康家庭也可根據其自身情況來選擇具體的

保險產品，在選擇的時候也要注意收入和支出的平衡，不要讓買保險變成一種負擔。因為保險合約一旦中途解約，保險公司會扣除保險業務員的獎金、保單管理費等費用，以現金價值進行兌付，投保人會面臨損失本金的危險。

對於廣大投資者來說，既能得到保障又能使資產升值的理財工具是較為理想的選擇。大家在選擇投資型保險時，切忌將其做為一定會獲得巨大利潤的投資產品來看待。

理財小提示：購買保險要從多方面考慮

在購買保險時，很多人迫不及待的去保險公司或者保險代理仲介那裡去購買保險，甚至還遇到了賣保險的熟人，買了熟人的保險後，發現又不適合，又礙於面子不好意思去退保，很後悔。其實，在確定購買保險前，應根據自身情況，堅持原則購買適合的保險。

和投資任何產品一樣，購買保險必須清楚自己的保險用途和目的。一般來說，保險的主要目的有生命保障、收入保障、養老保障、傷殘保障、疾病醫療費用保障等。範圍比較廣，只有清楚自己的保險目的，才能選擇適合的保險種類。

另外，購買保險要考慮多個方面，選擇組合式的保險計劃，搭配多個險種，達到最佳的保障效果。

把握主動權，節省保費有技巧

　　人的一生會面臨許多的風險和財務問題，尋找滿意的職業固然重要，但面對嶄新的生活，更不可忽視保險的防禦功能。如今，購買保險已經成為我們日常支出的重要組成部分，因為每個人都希望幸福、保障伴隨一生。

　　然而，保險種類繁多，保費支出的計算方式也不盡相同。在和保險公司簽訂保險合約時，一定要睜大眼睛，多看多問多打聽，不要聽信保險推銷員的一面之詞，因為最終掏錢的是你自己。所以你要掌握主動權，盡量節省保費。

　　具體來說，節省保費有以下七個方法。

第一，買保險時要追根究柢

　　保險公司在推銷保險時，會有很多談判技巧。比如在談論人壽保險的時候，避免直接說「人壽保險」這個詞，總是會用一些委婉的說法，例如用「保障抵押」、「退休養老計劃」或「避稅方案」等進行包裝。因為，很多保險公司都要求保險顧問不要用最直白的說法告訴潛在的客戶。

　　但是，我們應該清楚自己是在購買人壽保險，儘管保險顧問一直強調它的規避納稅等價值，但是他們不會明明白白地告訴你高手續費、長年累月的定期繳納，以及一旦提前終止所受

到的巨大的損失。因此，買保險時候，不要給推銷員的花言巧語所蒙蔽，不要被包裝所誘惑，一定要追根究柢，弄清這個保險方案是不是真正適合你。

第二，離職後，自費續交公司已交的人壽保險

有的公司對待員工的態度非常人性化，會為員工購買人壽保險。有這樣的雇主的確感到非常幸運。但是，不要忽視的是這樣的保險可能「半途而廢」，因為每個人都可能會因為各種原因離開公司。因此，最好的辦法是把公司為員工購買的人壽保險做為自費購買的相關保險的補充，這樣就使人壽保險能夠延續，才能保證未來的收益。

第三，健康問題要特殊對待

有不少保險公司，尤其是歷史悠久的保險公司，它們對疾病有不同的分類，並且區分嚴重程度。例如，糖尿病患者分化成「醫藥可控制」到「非常嚴重」之間分成不同等級，保險費用自然有很大的差異。因此，如果你患有糖尿病，並且打算購買人壽保險，那麼建議你選擇「對糖尿病友好的」保險公司投保。

第四，要和保險公司「談判」

保險公司在和你簽訂保險前，會特別了解你的健康狀況。

如果你的身體健康，沒有任何疾病史，週末會進行慢跑一次，游兩次泳，只是偶爾抽菸，那麼，你會發現你的保費會因為你的抽菸習慣無形中增加。因此，這時你需要坐下來與保險公司進行交涉，解釋「偶爾」抽並不等於一天抽一兩根，只是每個星期或者十天半個月才會抽一根，這樣做的結果很有可能會使你的保費被減少。

第五，少抽菸、多運動等於幫你的大忙

我們知道戒菸、減肥能夠幫助我們節省保費，對於不良生活習慣和健康隱患，保險公司會將其費用斟酌提高。如果你想省錢的話，那就少抽菸、多運動，回歸健康的生活方式，還能還你一個健康的身體，一舉兩得。

第六，別小看保險公司的手續費

推銷保險時，保險公司總會把一些小祕密藏得嚴嚴實實，比如手續費。但是我們還是知道一些保險公司的手續費很低，甚至為零。這些保險公司大多為行業龍頭，或者是某個細分市場的領導者，例如專做職業女性服務的保險公司。因此，少掏一點手續費，意味著你省了一點錢。

第七，巧妙繳錢花錢少

保費大多在每個月會按時、自動地從我們的帳戶上轉走，非常方便。但是，你知道怎麼繳費花錢少嗎？有個祕密你一定要知道，年付比按月支付要便宜 15% 至 20%。所以，不要在不知不覺中花了冤枉錢。

理財小提示：影響保費的因素

很多投資人在購買保險的時候，會發現即使在相同保險項目下，所交的保費也是不同的。其實，保險計算是個複雜的過程，影響保費計算的因素有很多，主要有保險責任、保險期限、繳費期間、繳錢方式、被保險人的性別、年齡、職業以及身體健康狀況、投保金額等。

一般來說，保險金額越高，保險費越高。養老保險的保險費較高，死亡保險則較壽險便宜。死亡保險，期限越長，保險費越貴。性別方面，死亡保險通常是女性的保險費較男性的保險費便宜。這是因為女性的平均壽命要高於男性。在繳錢方面，年繳的保險費會多於半年繳，半年繳的會多於月繳。兩次半年繳的保險費會多於一個年繳保費，六次月繳的保費會高於一次半年繳的保費。

掌握六步驟，保險理賠輕鬆得

大家購買保險的最終目的，是在事故發生時，或達到領取

保險金的年齡時，能夠得到來自保險公司的賠償或給付。但在理賠中，也有許多投保人因為自身的疏忽，或者是相關證明不齊，不能成功拿到理賠。

申請過保險理賠的朋友可能都有這樣的經歷，明明已經索賠申請一個多月了，卻一點結果也沒有，又不好意思老是打電話到保險公司去催問，可是心卻始終懸著……又或者，剛剛去櫃檯提交了理賠申請，半小時之後就拿到了保險理賠……

事實上，這是因為理賠性質不同，所需要的程序處理時間也不一樣。保險公司處理理賠案件的過程，實際上就是履行保險合約的過程。保險公司對保險合約履行，必須嚴格遵照相關規定以及合約的內容。那麼，要想輕鬆獲得保險理賠需要注意什麼問題呢？

第一步，受理報案

被保險人發生保險事故後，首先要做的就是及時向保險公司備案，以便對方將事故情況記錄備案。備案是保險公司理賠過程中的重要環節，它有助於保險公司及時了解事故情況，必要時可介入調查，提早核實事故性質；同時保險公司又可以根據保險合約的要求及事故情況，告知或提醒申請人所需準備的資料，並協助準備。

第二步，受理資料、立案

接到被保險人報案後，保險公司會根據申請人提供的理賠申請資料進行審核，確定資料是否齊全、是否需要補交資料或是否受理。

在立案環節中，保險公司的審核員對提交的證明資料不齊全、不清晰的申請，會馬上告訴申請人補交相關材料。對資料齊全、清晰的，即時告知申請人處理案件大致所需要的時間，並告知保險金的領取方法。

第三步，調查

調查是保險公司蒐集有關證據，核實保險事故以及資料的真實性的過程。調查過程不僅需要相關部門及機關的配合，申請人的配合是必不可少的環節，否則將影響保險金的及時賠付。

第四步，審核

審核就是指案件經辦人根據相關證據認定客觀事實、確定保險責任後，精確計算給付金額，作出理賠結論的過程。

第五步，簽核

簽核是指理賠案件複審者對以上各環節工作進行覆核，對核實無誤的案件進行審批的過程。

第六步，通知、領款

案件經過簽核環節後，保險公司就可以通知受益人攜帶相關身分證明及關係證明，前來辦理領款手續了。為了使保險公司能準確、迅速地聯繫相關受益人，申請書上必須填寫準確的電話號碼及聯繫地址。

以上六個步驟是所有保險理賠的受理環節，但是你還要注意一些細節。

一、注意理賠時效

所有保險產品的索賠都是有一定期限的，因此投保人想要維護自己的權益，最重要的就是要在第一時間與保險公司及時建立聯繫，並以書面形式通知保險公司提出給付保險金申請。

保險索賠必須在索賠時效內提出，超過時效，被保險人或受益人不向保險人提出索賠，不提供必要證明和不領取保險金，視為放棄權利。險種不同，時效也不同。人壽保險的索賠時效一般為五年；其他保險的索賠時效一般為兩年。索賠時效應從被保險人或受益人知道保險事故發生之日算起。保險事故發生後，投保人、保險人或受益人首先要立即止險報案，然後提出索賠請求。

二、準備申請保險理賠需要的資料

投保人要想順利獲得保險理賠，一定要在事故發生後，注意保存好各類證明，並帶上當初的投保單等相關證明，向保險公司提出賠付。據了解，根據保險金種類不同，索賠時應提供的資料也不一樣，一般要求提供相關證件的正本。

索賠時應提供的證明主要包括：保險單或保險憑證的正本、已繳納保險費的憑證、有關能證明保險要保人或當事人身分的原始文本、索賠清單、出險檢驗證明、其他根據保險合約規定應當提供的文件。

其中出險檢驗證明經常涉及的有：第三者傷亡的，要提供醫藥費發票、傷殘證明和補貼費用收據等。如果涉及第三者的財產損失或所載貨物損失的，則應當提供財產損失清單、發票及支出其他費用的發票或單據等。因被保險人的人身傷殘、死亡而索賠的，應由醫院出具死亡證明或傷殘證明。如果被保險人依保險合約要求保險人給付醫療、醫藥費用時，還須向保險人提供有關部門的事故證明，醫院的治療診斷證明及醫療、醫藥費用原始憑證。

理財小提示：哪些情況保險公司可以拒賠

很多人認為：買保險容易，要保險公司賠錢可就難了。事實上，不是所有的事故都可以獲得保險公司的賠償的。換句話

說，保險公司賠償是有範圍的。

1. 超出保險合約約定責任範圍的事故不理賠。比如，投保普通家庭財產保險，一旦家中被盜，保險公司不予賠償損失。因為在普通家庭財產保險中盜竊屬於除外責任，不在合約規定責任範圍內。如果想獲得盜竊方面的保障，就應該購買家庭財產保險附加盜竊險。

2. 保險事故發生時，保險合約是否有效，與保險公司是否賠錢直接有關。

3. 有時候發生的事故看起來在保險合約約定的範圍內，但實際不是。像是一些重大疾病保險，合約中對疾病的名稱、種類和症狀都做了明確的規定，不符合此規定的疾病，保險公司皆不予賠償。

買保險時最容易忽視的八大細節

細節決定成敗，這話一點也不假。買保險也是一樣，經濟危機的來臨，喚醒了很多人的投保意識的增強。為得到保險保障、分紅等好處，他們主動去到保險公司和保險代理銀行購買保險。但是，這些人有很大一部分缺乏相關的知識，以至於投了保，卻達不到自己預期的報酬率，甚至還和保險公司發生糾紛。事實上，如果你在投保前多了解多問問題，掌握這方面的關鍵細節問題，就不會吃啞巴虧了。

總體來說，買保險時有八個容易被忽視的細節。

細節一，購買前要了解保險的功能

　　大家在購買保險時，對任何一種購買的保險產品，都應詳細了解其功能，看這款保險究竟是以保障為主，還是以分紅為主。了解後，自己就會更好的認識該保險產品，想得到保障，就去購買保障型保險，想得到分紅，就去購買分紅型保險。只有清楚了解購買保險產品的保險功能，才能夠在購買保險產品時真正滿足自己的願望。

細節二，看清保障範圍，量入而出

　　在購買保險前，投保人要仔細閱讀保險責任，了解購買保險產品的保障範圍是否能滿足自己的需要是非常重要的。一般情況下，保險責任時間長和保障範圍廣的保險產品，都意味著投保人需要較長的繳錢期限。在購買前，你要有長遠的打算，如果說自己沒有足夠、穩定的財力支付保費，就很容易造成自己中途無法續交保費，從而導致自己出現中途必須退保的現象，這樣一來，自己不僅得不到有效的保險保障，而且自己還要受到錢財上的損失。

細節三，明確合約中的「責任免除」條款

　　在保險條款中，有明確的「責任免除」條款規定。以某保險公司的某壽險條款為例，在該條款第五條是這樣表述的：「因下

列情形之一導致被保險人身故、身體高度殘疾或患重大疾病，本公司不負保險責任：一、投保人、受益人對被保險人的故意行為；二、被保險人故意犯罪、拒捕、自傷身體；三、被保險人服用、吸食或注射毒品；四、被保險人在合約生效（或複效）之日起二年內自殺；五、被保險人酒後駕駛、無有效駕駛執照駕駛，或駕駛無行照的交通工具......」不同的險種在此條表述中，會有一定差別，投保人在填寫保單時必須注意是否有相應情況，避免日後出現爭議。

細節四，如實告知，不要隱瞞事實

保險業非常講究誠信，要求保險公司和投保人都必須履行「如實告知」的義務。對於投保人來說，一定要如實回答保險合約中列明的各項問題，可能你一個小小的「隱瞞」，就會失去日後索賠的權利。通常，故意不告知的實際情況，保險公司對於合約解除前發生的保險事故不承擔給付保險金責任的。

細節五，不要相信分紅險紅利

現在，好多保險公司在宣傳和介紹自己的分紅型保險產品時，對自己分紅保險的預期收益一般都會高估。投保人不要輕信合約上那些顯眼的資料。一般來說，保險公司的分紅型產品的紅利分配是不確定的，也沒有固定的比率。分紅水準與保

險公司的經營水準和資本市場狀況有關。保險公司只有在投資和經營管理上有盈餘時，才將部分盈餘分配給投保人。如此一來，如果保險公司經營不善，那投保人哪裡有「紅」可分呢？因此，保險公司分紅保險的預期收益都是他們的一種假想，一般都達不到他們所預期的收益。

細節六，退保要趁早

購買任何一種保險產品，投保人經常在買了以後出現後悔的情況。其實，這也是正常的，因為有時投保人購買保險的原因就是輕信了保險行銷員的鼓吹。如果買了保險後發現這種保險產品根本不適合自己，這就免不了有想退保的打算。因此說，對於購買保險者在購買保險前，必須考慮到退保這一點，而一般保險公司對保險都規定有猶豫期（收到並書面簽收保險單起的10日內）。在猶豫期內退保，可以取回全部已繳納保費，保險公司僅扣除少量工本費，所以說對於購買了保險就後悔者，保險猶豫期很重要。

細節七，現金價值須看好

有的人買了保險後，由於各種原因想退保，但是在退保前要仔細衡量一下，一旦退保，投保人就會損失錢財。因此，投保人在投保前應有一個退保損失的心理準備，如果損失小自己

還能承受起，如果損失太大自己就得不償失了。保險公司一般都會有各種保險各年度的現金價值表和各年度所退保險金比例表供保險購買者參考，藉由看這兩種表，投保人可以看出退保的損失。因此，建議購買保險者即使出現意外一般不要輕易退保，在兩年之內退保一般都非常不划算。

細節八，自己簽名，不要讓人代簽

最後，提醒大家一個細節問題，那就是簽名。一般除了沒有法定行為能力的人（如未成年人），投保人、被保險人、受益人都應該是親筆簽名，不要代簽，哪怕是最親近的人，也不要讓保險業務員幫忙填寫，以免日後出現糾紛。

理財小提示：了解幾個保險的關鍵時間點

保險是一種合約制的方式，投保人在確定合約時候要了解幾個有關保險的關鍵時間點。

第一個是保險空白期，即指從投保人繳納保險到保險公司出具正式保單之前的這段時間。

第二個時期是觀察期，又稱等待期，是指在保險合約生效之後的一定時期內（一般為 90 至 180 天），保險公司不承擔責任，大部分醫療保險保單都有觀察期的規定。

第三個時期是猶豫期，是指在投保人簽收保險單後一定時間內（一般為 10 天），對所購買的保險不滿意，可無條件地退保並退還相應的保費。它是為了防止業務員的誤導和利

益誇大。

第四個時期是寬限期，是指在首次繳付保險費以後，如果投保人在各期沒有及時繳費，保險公司將給予投保人 60 天的寬限期限，投保人只要在寬限期內繳納了保險費，保險合約就繼續生效。

投保兒童險避免五個地雷

孩子是父母的心肝寶貝，每一對父母都會在孩子的身上傾注全部的精力，吃肯定吃最好的，穿也穿最漂亮的，用也用最時髦的，不過這種養尊處優的教育方法也許並不能給孩子帶來好處。我們還是來看看小軒的媽媽是怎麼教育孩子的。

兒童節到了，小軒特別期待媽媽會送什麼樣的禮物給自己，是漂亮的新鞋、新衣服，還是帶自己逛遊樂場和動物園或者吃麥當勞和肯德基，又或者買一個鹹蛋超人……

媽媽笑著說：「這是一份特別的禮物，據說它可以在你出現危急的時候大顯身手，像機器貓的魔法棒一樣神奇。」小軒迫不及待地等著這份神奇的禮物。原來這份禮物並不是什麼魔法棒，而是一份兒童保險。

小軒覺得很奇怪，媽媽為什麼給她這樣一份禮物。媽媽告訴小軒，衣服或者玩具並不能帶給你任何保障，而保險可以幫助你健康成長。

聽了媽媽的這番話後，小軒似懂非懂，但他能體會到媽媽對她的愛。

買保險不是一件簡單的事情。很多家長愛子心切，會一股腦地鑽進去，殊不知進入了買保險的地雷。具體來說，購買兒童保險有以下幾大地雷。

地雷一：不要重複購買保險

兒童保險的種類繁多，這滿足了父母投保的需求，另一方面也增加了父母在選擇適合險種上的難度。由於兒童險比成人險便宜，於是，一些家長願意為孩子多買幾份兒童保險，這樣做，在真正出現險情時並不會有事半功倍的效果。因為意外醫療險的賠付遵循「補償性」原則，報銷一次以後，第二家保險公司只報銷剩餘的那一部分，第三家、第四家依此類推。因此，如果多家投保，並不能「多多益善」，出險後也將因為超出限額和未履行如實告知義務被保險公司拒賠。

地雷二：專挑便宜的險種

在給孩子投保時，不要什麼便宜投什麼，要清楚側重點、選擇最適合孩子特點的險種進行投保。比如孩子的身體不好，那麼就要優先考慮買醫療保險，以保證在發生意外、疾病的情況下孩子都有相應的醫療保障。

地雷三：重視孩子的保險忽視大人的保險

一些家長愛兒心切，恨不得為孩子買齊各種保險，以便保他一生平安。實際上，這樣的投保理念並不好。家長才是孩子真正的防護牆。如果只給孩子買保險，卻忽略了自己，如果父母出現意外過失，或者喪失勞動能力而無法獲得收入，那很有可能連為孩子續保的保費都支付不出，所謂「保險保障孩子」，也就是一句空話了。一旦發生意外，這個家庭失去了支柱，恐怕孩子也無法得到根本保障。

因此，買保險的順序應該是先大人後小孩。家長們在為孩子們購買保險之餘，不妨考慮一下自己，這樣也是對孩子更負責。

地雷四：花大錢為孩子買壽險

有些家長傾向於為孩子買終身壽險，以為這樣孩子一生就都有保障了，實際上這有些本末倒置。除非你的孩子是好萊塢天才童星，否則一般並不推薦購買壽險。壽險承保的一般是死亡，保障對象大多是家庭的經濟支柱。而孩子基本不可能是家庭收入的主要來源，孩子實際享受不到終身壽險的收益。另外，現在市面的保險產品不斷升級，孩子完成學業後的保障應該由其自力更生。

地雷五：保額越高越好

在家庭中，兒童不是經濟支柱，因此家長無須為孩子的人身安全投下高額保險。在給孩子買保險時，家長一定要好好定位家庭的經濟狀況，不要互相比較。

第 3 章　儲蓄，人生幸福的基礎

　　人最幸福的事情是什麼？有房子住？有車子開？
有令人羨慕的職業？都不對。人生最幸福的事情是在身
體健康、家庭和諧的基礎上，銀行裡還有大把的鈔票存
著。在這一章裡，你將看到理財專家教你如何聰明儲
蓄，使自己的利息最大化，還有各種儲蓄技巧的巧妙配
合以及如何打理你的信用卡等。總之，儲蓄是人生幸福
最基本的保證，學會儲蓄，你將獲益匪淺。

小康家庭儲蓄方案

　　小康階層通常是指年收入 70 萬至 160 萬的家庭，其中包括大部分上班族，專業人士及中小企業的管理人員。由於工作環境、職業特點和教育背景等因素決定了小康階層循規蹈矩的個性特點，他們工作勤奮，生活節儉，遵紀守法，但大多數不願意承擔風險，缺少果敢，使其難以成為一方富豪。小康階層通常都能勤儉持家，生活基本上是富足的，他們花錢都很有規劃，絕不亂花錢，並且很重視家庭儲蓄，常常把儲蓄做為主要的投資工具。

　　小康階層的固有特點在某種程度上限制了其向富有方向的進一步發展，雖然富足但並不富有。那麼，在經濟危機下小康階層家庭該如何儲蓄呢？

　　雖然儲蓄是一種常見的理財方式，但也要講科學、合理安排。針對不同的需求，小康家庭應該分別進行有計劃的儲蓄。理財專家建議把家庭整個經濟開支劃分為五大類，分別進行安排，使收益最大化。

第一，建立公共帳戶安排日常生活開支

　　每個家庭都有一些日常支出，這些支出包括房租、水電、瓦斯、保險、食品、電話費、交通費以及與孩子有關的開銷

等，它們是每個月不可避免的。根據家庭收入情況，在儲蓄錢中可以撥一部分資金建立一個公共帳戶，用來負擔家庭日常生活開銷。

公共帳戶建立後，注意不要隨意使用這些錢，相反地，要盡量節約，把這些錢當作是夫妻今後共同生活的投資。為了保證這個公共帳戶良好地運行，還必須有一些固定的安排，這樣才可能有規律地充實基金並合理地使用它。另外，此項開支的資金一般都用活期儲蓄的方式存錢，其比例大致占家庭收入的35%或40%。

第二，留一些精神娛樂活動開支

小康階層家庭有點富裕，有點小資情調，還偶爾有點奢華風格，自然避免不了家庭的精神娛樂活動開支。這部分開支主要用於家庭成員的體育、娛樂和文化等方面的消費。主要目的是為了在緊張的工作之餘為生活增添一絲情趣。比如出遊、看書、聽音樂會、看球賽，這些都屬於家庭娛樂的範疇。

在競爭如此激烈的今天，一家人難得有時間和心情去享受生活，而這部分開支的設立可以說明他們品味生活，從而提高生活的品質。我們的建議是，這部分開支的預算不能夠太少，可以規劃出家庭固定收入的10%做為預算。事實上這也是很好的智力投資，如果家庭收入增加，也可以擴大到15%。

第三，預備家庭建設資金

每個家庭都會有鉅額消費開支，比如購置一些家庭耐用消費品如冰箱、電視等，為未來的房屋購買、裝潢做經濟準備等家庭建設資金。這部分資金的比例我們建議以家庭固定收入的20%做為家庭建設投資的資金。這筆資金的開銷可根據實際情況靈活安排，在用不到的時候，它就可以做為家庭的一筆靈活的儲蓄。

第四，準備撫養子女與贍養老人的經費

小康階層雖然都比較富有，但通常都是上有老下有小的「夾心」一族，撫養子女和贍養老人的小康階層的責任和義務。因此，準備這筆經費是必不可少的。此項儲蓄額度應占家庭固定收入的10%，其比例還可根據每個家庭的實際情況加以調整。

第五，必要的理財項目投資

小康階層大多有理財概念，他們的收入中有很大一部分是用理財投資收入的，因此，投資理財是實現家庭資本成長的必要途徑，投資的方式有很多種，比較保守的如儲蓄、債券，風險較大的如基金、股票等，另外收藏也可以做為投資的一種方式，郵票及藝術品等都在收藏的範疇之內。

理財專家建議以家庭固定收入的20%做為投資資金對普通

家庭來說比較適合。當然，此項資金的投入，還要與家庭成員個人所掌握的金融知識、興趣愛好以及風險承受能力等要素結合。在還沒有選定投資方式的時候，這筆資金仍然可以以儲蓄的形式先保存起來。

總之，每個家庭都有各自的情況，不論何種情況，都要建立自己的儲蓄方案。而方案一旦設立，量化好分配比例後，就必須要嚴格遵守，切不可隨意變動或半途而廢，尤其不要超支、挪用、透支等，否則，就會打亂自己的理財計劃，甚至造成家庭的「經濟失控」。要知道，世界上很多有錢人都以累積錢財為美德，絕不用光吃光，手頭空空。他們的致富祕訣與他們堅持儲蓄的理念有關。

理財小提示： 要養成存錢的習慣

任何一種習慣都是在重複幾次後形成的，我們日常習慣的推動力也是由人的意思主宰的。養成存錢的習慣並不是限制你賺錢的才能，正好相反，不僅能存起來你賺的錢，而且給你提供更多的機會。

按照世界的標準利率計算，如果一個人每天儲蓄一塊錢新臺幣，88 年後可以得到 100 萬元。這 88 年時間雖然長了一點，但真正能夠每天儲蓄一塊錢的話，大都是在實行了 10 年、20 年後，很容易就可以到達 100 萬元。因為有耐性的積蓄，你會得到穩定的利益，還會得到許多意想不到的賺錢機會。

一定要嚴格堅持儲蓄計劃

儲蓄是每個人都要做的事情。但是，你是怎麼儲蓄的呢？有按計劃進行嗎？錢多的時候就往銀行存，錢少的時候不存？

我們每個人都會長大、結婚、生子、工作、變老，每一個家庭都要承擔該有的責任，一旦有疾病的降臨或者遭遇裁員，你的財務狀況就會有變動。而家庭儲蓄是家庭生活保障的基礎。嚴格執行儲蓄計劃，能保障你的生活品質，實現你的夢想。

人生中有很多理財目標，需要我們提前做好準備。當你面臨鉅額開支時，如何去解決資金問題呢？儲蓄絕對是首選。就連動物都會在冬天來臨前儲備好自己的糧食，準備過冬。因此，如果你能夠有好的儲蓄規劃和持之以恆的毅力，長期堅持，那些事情對你來說就不再是難題了。

總體來說，儲蓄計劃可分為四個方面。

一、購房儲蓄規劃

對於剛跨入職場的年輕人來說，是否感覺對於目前動輒上千萬的房價有些遙不可及？但是，房子是一個人的棲身之地，特別是對於家庭來說。

因此，用儲蓄來籌措買房首付款的目標是完全可以達到的。具體來說，如果你的月收入 50,000 元左右，可以把收入的

50%存入銀行，五年之後就可以有 150 萬元的存款。目前大多數的銀行都能提供的分期貸款（一般最高可達總房價的 70%）。如果你的期望不是很高的話，可以把首次買房的目標定在中等價位的中古屋上，這些存款做為中古屋的首付應該足夠了。這樣五年過後，就可以擁有自己的住房了。

二、教育儲蓄規劃

教育培養子女是父母的責任和義務，望子成龍也是家長們最樸素的願望。如今，教育儲蓄計劃已經成為小康階層的重要理財內容。

從孩子一出生，到托兒所、幼稚園，再到小學、高中、高中、大學，需要極大開支。因此，提早做好教育投資的打算，是很有必要的。

三、養老儲蓄規劃

我們每一個人都有老的一天。當你退休後你會怎麼安排自己的生活呢？你知道一個人需要多少錢才能保證自己過上好的退休生活呢？以 3% 的通貨膨脹率，60 歲退休，來算一下我們需要多少退休金。如果目前是 25 歲，退休後想維持目前每個月 15,000 元的生活品質，至少要準備 630 萬。如果目前是 50 歲，也至少要 180 萬。如此大的未來支出不得不讓你提前做好準備。

四、購車儲蓄規劃

週末，開著一輛小汽車，帶著一家人去野外出遊，相信是很多人的憧憬。

如果你也有購車想法的話，就要把它列為你的儲蓄計劃中。由於汽車總價比房屋總價低得多，因此只要你存夠首付款，幾年的時間就可以買車了。不過，把車開回家不是一件很難的事情，但是長期養車的費用也不少。想要買車的你需要做好長遠計劃。

以上四大儲蓄計劃，要嚴格執行，不要隨意變動。另外，平時家庭生活中，也要做好家庭日常消費計劃。要根據每個月的收入情況，留出當月必需的費用開支，將剩下的錢按用途區分，選擇適當的儲蓄種類存入銀行，這樣可以減少許多隨意支出，使家庭經濟按計劃運轉。盡量減少不必要的開支，杜絕隨意和無意義消費，用節約下來的錢進行儲蓄，以少積多。

如果遇到加薪、獲獎、稿酬、饋贈等意外性收入，也要及時存入銀行，不要隨意揮霍，長期累積下來也是一筆可觀的積蓄。

理財小提示：日常消費巧省錢

很多人認為，省錢就是捨不得花錢。其實不然，省錢只是要節約那些不必要花或者不必要多花的錢。省錢是很多家庭最

有效地理財途徑。

購物一定要有計劃；

認真挑選便宜貨；

批發各種日常用品；

巧妙利用購物優惠；

躲開跟風消費；

買換季銷售的衣服；

提前擬預算，防止過度消費。

儲蓄常識面面觀

儲蓄以其風險小、方式期限靈活多樣、簡單方便、收益穩定的特點深得大家的喜愛。正是儲蓄的這些特點，決定了儲蓄是最普通和最常用的理財方法。不過，你別小看了儲蓄，其中也包含了很大的學問。因此，全面了解基本的儲蓄常識能給你帶來不少的收益。

儲蓄通常分為活期儲蓄和定期儲蓄兩大類。

活期儲蓄是指不確定存期，儲戶隨時可以存取款、存取金額不限的一種儲蓄方式。存款利率按各銀行規定的利率計算。

定期儲蓄是儲戶在存款時約定存期，一次或按期分次存入本金，整筆或分期、分次支取本金或利息的一種儲蓄方式。

定期儲蓄可分為以下幾種類型：整存整付、存本娶息、零

存整付。其存取方式因類型不同而有區別。

　　一、整存整付：指約定存期，整筆存入，到期一次支取本息的一種儲蓄。本金最少新臺幣 10,000，多存不限。存期因各家銀行而不同。計息按存入時的約定利率計算。

　　二、零存整付：指約定存期、每月固定存款、到期一次支取本息的儲蓄。通常每月存入一次，中途如有漏存，應在次月補齊。每月要按開戶時的金額進行續存。該儲種利率低於整存整付定期存款，但高於活期儲蓄，可使儲戶獲得稍高的存款利息收入，具有計劃、約束、累積的功能。計息按實存金額和實際存期計算。

　　三、存本取息：指約定存期、整筆存入，分次取息，到期一次支取本金的一種儲蓄。存期因銀行而異。每月支取利息，到期時支取本金。

理財小提示：有關儲蓄的小知識

一、如果定期存款恰逢假日到期，造成儲戶不能按時取款，儲戶可在儲蓄機構節假日前一天辦理支取存款，對此，手續上視同提前支取，但利息按到期利息計算。

二、各種定期儲蓄存款，在原定存期內，如遇利率調整，不論調高調低，均按存單開戶日所定利率計付利息，不分段計息。活期儲蓄存款如遇利率調整，不分段計息，以結算日掛牌公告活期存款利率計付利息。

如何儲蓄使你的利息最大化

現在，儲蓄一直是大家首選的理財方式。那麼，你知道如何儲蓄能使你的利息最大化嗎？要知道一年定期存款利率比活期存款利率高出很多，堅持下來，利息就會很快增加。

下面，介紹幾種儲蓄存款方法，幫你巧賺錢。

一、12 存單法

每個月發下來的薪水你是怎麼處理的？是任由它放在薪水帳戶裡隨用隨取，還是把它全部取出存為定期？這裡教你一個好方法，讓你巧妙存錢賺取更多利息。你可以從薪水帳戶裡每月提取薪水收入的 10% 至 15%（這個比例可以自己定）設計一個定期存款單。每月定期存款單期限可以設為一年，每月都這麼做，一年下來你就會有 12 張一年期的定期存款單。

到第二年時，每個月都會有一張存單到期，如果有急用，就可以使用，也不會損失存款利息。當然如果沒有急用的話這些存單可以自動續存，而且從第二年起可以把每月要存的錢添加到當月到期的這張存單中，繼續滾動存款，每到一個月就把當月要存的錢添加到當月到期的存款單中，重新弄一張存款單。

這種儲蓄的好處是從第二年起每個月都會有一張存款單到期供你備用，如果不用則加上新存的錢，繼續做定期。既能靈

活的使用存款，又能得到定存利息，是兩全其美的做法。假如你這樣堅持下去，日積月累，就會存下一筆不小的存款。

另外，建議你不要把錢直接留在薪水帳戶裡，因為薪水帳戶一般都是活期存款，利率很低，如果大量的薪水留在裡面，無形中就損失了一筆收入。同時，每張存單最好都設定到期自動續存，這樣就可以免去多跑銀行之苦了。

二、階梯存款法

假如你的年終獎金有 5 萬元，可以把這 5 萬元獎金分為均等五份，各按一、二、三、四、五年定期存這五份存款。當一年過後，把到期的一年定期存單續存並改為五年定期，第二年過後，則把到期的兩年定期存單續存並改為五年定期，以此類推，五年後你的五張存單就都變成五年期的定期存單，這樣每年都會有一張存單到期，這種儲蓄方式既方便使用，又可以享受五年定存的高利息。是一種非常適合於一大筆現金的存款方式。假如把一年一度的「階梯存款法」與每月進行的「12 存單法」相結合，那就相得益彰了！

三、利滾利存款法

利滾利存款法是存本取息與零存整付兩種方法完美結合的一種儲蓄方法。這種方法能獲得比較高的存款利息，缺點是要

求大家經常跑銀行。具體操作方法是：假設你有一筆 50 萬元的存款，可以考慮把這 50 萬元用存本取息方法存入，在一個月後取出存本取息儲蓄中的利息，把這一個月的利息再開一個零存整付的帳戶，以後每月把存本取息帳戶中的利息取出並存入零存整付的帳戶，這樣做的好處就是能獲得二次利息，即存本取息的利息在零存整付中又獲得利息。

理財小提示：自動轉存的存單要保管好

客戶存款到期後，客戶如不前往銀行辦理轉存手續，銀行可自動將到期的存款本息按照相同存期一併轉存。這就是自動轉存。

儲戶對自動轉存的定期存單在未辦理支取手續前，一定要保管好，不能大意，一旦丟失要立即辦理掛失止付手續，否則存單丟失就難以保障安全。

低息時代下的儲蓄策略

銀行利率不斷降低，很多原來依靠儲蓄來進行利息增值的人來說，似乎看不到太大的希望，因為辛辛苦苦存下來的錢存在銀行，一年後發現沒什麼變化。面對這種情況，你該怎麼辦？

在這裡，理財專家提供建議。

第一，存款期限不要過長

　　為經濟市場瞬息萬變，理財專家建議小康階層目前存期選擇上應以存中短期為主，對鉅額不動的資金可選存一到兩年期，小額不動的資金可選擇存半年至一年期，以靜觀動，這樣在經濟動盪，機會來臨的時候不會因為儲蓄年限的不協調而錯過機會。

第二，學會自動轉存的方法

　　現在，由於人們生活的節奏加快，資金流動頻繁，常常會有人記不清家中哪幾筆存款哪天到期，如果你的存款到期後忘記了去轉存，且金額較大、又逾期時間很長的話將會蒙受利息損失。

　　在這裡，理財專家建議你學會使用自動轉存，這樣當你忙起來而忘記什麼時候存單到期時，銀行會對其進行自動轉存，存款以轉存日的利率為計息依據。這樣既可避免到期後忘記轉存而造成不必要的利息損失，又能為你省去跑銀行轉存的辛苦。

第三，活用外幣儲蓄

　　從小額外幣存款利率看，在相同的存期內，不少外幣存款利率要高於新臺幣存款利率，比如美元、英鎊、港幣等。可以考慮適量存錢一些外幣來彌補新臺幣利率過低所造成的利

息損失。

存錢外幣儲蓄時，不要亂買亂賣，而要講究方法。一是要按「貨幣匯率穩定，存款利率又高」的選儲原則；二是要選擇利率浮動高的銀行，目前各家銀行上浮幅度並不一致；三是存期選擇應「短平快」，一般不要超過一年，以三到六個月的存期較適合；四是存取方式應「追漲殺跌」；五是幣種兌換應少兌少換。

第四，以組合儲蓄獲利

1. 利滾利存錢法

這種方法是將存本取息儲蓄和零存整付儲蓄相結合的一種儲蓄方式，即將資金一次存入一個存本取息帳戶，同時，開一個同樣期限的零存整付帳戶，每月將存本取息帳戶的利息取出再存入這個零存整付帳戶。用這樣的組合使得一筆錢生兩份息。

2. 四分儲蓄法

這種方法是一種非常簡單的止損儲蓄方法。考慮到定期儲蓄提前支取會遭受利息的損失，可以將一筆資金存成不等金額的數份。簡單舉個例子，可以把 10 萬元分別存成 1 萬元，2 萬元，3 萬元和 4 萬元共四份。需要的時候只需動用相應金額的存單即可，避免不必要的利息損失。

3. 階梯存錢法

目前利率較低，似乎存款期越長獲利越多，但是又擔心利率上調導致損失的可能，因此不妨採取這樣的方式。具體操作方法是：如果你有 60,000 元準備定期儲蓄，可以分成 3 個 20,000 元分別存成 1 年，2 年和 3 年三個帳戶。一年以後，可以將到期的 20,000 元再去開設一個三年的帳戶。以後年年如此，3 年以後，手中的存單均為 3 年期，只是到期年限一次相差 1 年。

理財小提示：100,000 元有幾種儲蓄方法

十年不用的 100,000 元，你有幾種儲蓄方法？（假設年利率三年以上 0.81%、一年期 0.79%）

聰明的你知道怎麼存會使利息最大嗎？

方法一：先連續存 3 個三年期定存，到期以後連本帶息再續存 1 個一年期定期，十年後可得本息 108,264 元。

方法二：先三年期定期，到期後本息轉存五年期定期，到期以後本息再轉存兩次一年期定期，十年後可得本息 108,391 元。

方法三：先存五年期定期，到期以後本息再轉存三年期定期，到期以後本息再轉存兩次一年期定期，10 年後可得本息 108,392 元。

方法五：先存個五年期定期，到期以後本息再轉存 1 個五年期，十年以後總共可得本息 108,434 元（這是五、五儲

蓄法)。

活用不同儲種的儲蓄技巧

存錢？誰不會！

是呀，這個世界上外幾乎很少有人會不知道把錢存在銀行。但是，你知道怎麼存錢得到的利息最多嗎？採取什麼樣的儲蓄方式，能夠讓自己在最想用錢時能夠很順利換成現金而又不損失利息嗎？為了家庭最基本的資金保障和為以後的投資做準備，最低限度應該保持怎樣的儲蓄才能感覺安全？

因此，一樣的存款額要獲得盡量高的收益，存款的技巧很重要。如果你想存活期，那就不如存定期三個月，並約定自動轉存。這種存法安全方便，利息又高。在這裡，針對不同儲蓄方式，分別給你介紹不同儲蓄方式的存錢技巧。

我們知道，儲蓄分為兩大類，即活期儲蓄和定期儲蓄，而定期儲蓄又包含了很多儲種。首先來看活期儲蓄。

活期儲蓄是我們最熟悉的存款方式，基本沒有太多可供深究的技巧。活期儲蓄適合運用在家庭日常開銷，通常薪水帳戶都是活期儲蓄的方式。由於活期儲蓄比較靈活方便，隨用隨取，因而存款利率比較低。對於平常有鉅額款項進出的活期帳戶，為了讓利息生利息，最好是每兩月結算一次活期帳戶。如

果你的活期帳戶裡有數目比較大的存款，就應及時把其轉為定期存款，以免損失利息。

　　定期儲蓄中包含許多儲種，不同的儲種在使用時的技巧也會有所不同。

　　整存整付是定期儲蓄中歷史最悠久的儲種，它適用於家庭結餘中較長時間不需動用的款項。在高利率時代，存期要適中，即將五年期的存款分解為一年期和兩年期，然後滾動輪番存錢，這樣可以利生利，收益效果最好。在如今的低利時期，存期的時間要長，能存五年的就不要分段存取，因為低利情況下的儲蓄收益特徵是「存期越長、利率越高、收益越好」。

　　當然對於那些較長時間不用，但不能確定具體存期的款項就好用「拆零」法，如將一筆 5 萬元的存款分為 0.5 萬元、1 萬元、1.5 萬元和 2 萬元，以便視具體情況支取相應部分的存款，避免利息損失。若預見遇利率調整時，剛好有一筆存款要定期，此時若預見利率調高則存短期；若預見利率調低則要存長期，以讓存款賺取高利息。另外，整存整付的存錢方式還要注意配合自動轉存、部分提前支取、存單貸款等理財方法，避免利息損失和親自跑銀行轉存的麻煩。

　　零存整付也是許多家庭非常熟悉的一種儲蓄方法，它適用於較固定的小額餘款存錢。由於這一儲種不具有很強的靈活性，因此最重要的技巧就是「堅持」，絕不連續漏存兩個月。有

一些人存錢了一段時間後，認為如此小額存錢意義不大，就放棄了。其實這種前功盡棄的做法對家庭來說往往損失很大，記住積少成多！

存本取息是定期儲蓄中的另一個儲種。要使存本取息定期儲蓄生息效果最好，就得與零存整付儲種結合使用，產生「利滾利」的效果。即先將固定的資金以存本取息形式定期起來，然後將每月的利息以零存整付的形式儲蓄起來。採取存本取息的方式時，可與銀行約定「自動轉息」業務，免除每月跑銀行存取的麻煩。

就家庭儲蓄本身而言，還有許多額外技巧。但最重要的是把儲蓄當成一種習慣。儲蓄是理財的起點，有了儲蓄就有了安全感。從一個角度來說，儲蓄其實是報酬有限但風險最低的一種投資方式。

為了讓金錢為你服務，你就得動動腦筋，利用銀行提供的各種儲蓄方式進行組合，找到 CP 值最高的組合方式，最大限度地發揮儲蓄的理財功能。

理財小提示：儲蓄是最傳統的理財工具

儲蓄是最傳統、最大眾化的理財工具，也是人們抵禦意外風險的最基本的保障。我們既要考慮貨幣的時間價值進行一定得投資，也應該在規避風險的時候懂得如何儲蓄。聰明的你

應該選擇自己適合的儲蓄方式，在滿足生活需求的同時，爭取獲得最大的收益。

精明打理你的信用卡

隨便打開一個人的錢包，都會有幾張卡，金卡、銀卡、聯名卡、……好像誰的卡多，誰就越前衛。可就在大家盡興享受各銀行提供的信用卡服務時，也不要得意，說不定在這之中暗藏了很多玄機。

因此，對於身有多卡的消費者來說，如何精明打理你的各種信用卡有很大的學問。如果處理得當，將可以省下一筆不菲的開支。

下面，理財專家提供建議。

第一，給你的錢包「瘦身」

近幾年來，由於銀行大力促銷辦理信用卡，致使發卡急速上升。甚至有的人多達七八張。因此，在銀行收取信用卡年費的情況下，如果仍不整頓自己所帶的信用卡，給錢包「瘦身」，將會糊裡糊塗地付出一筆開銷。

事實上，信用卡不是辦理越多越方便，在信用卡未收取年費的情況下，太多的卡有時也很礙事。現在信用卡的綜合服務

功能越來越完善，用一張信用卡即可囊括取款、繳費、轉帳、消費等所有功能。另外，持有不同銀行的信用卡容易造成個人資金的分散。需要對帳、換卡和掛失時，更是要奔波於不同的銀行間，無端地浪費了大量的時間。對一般人來說，錢包「瘦身」後擁有一張簽帳金融卡及信用卡就可以了，而經常出國的人士還可辦理一張雙幣種的國際卡。

這樣，在你的錢包裡只留一兩張多功能的信用卡。今後不管是用它購物消費，還是出差在異鄉支取現金，或者用它開通網路銀行和轉帳都可以，真正實現了一卡在手，輕鬆打理家財，不但個人資金的管理效率提高了，在信用卡使用時也可高枕無憂了。

第二，巧用信用卡賺取意外「小費」

每一種信用卡都有各自的特點，如果你能巧妙地運用，還能賺取意外的「小費」。

信用卡可以讓你提前消費而不用馬上承擔借款的利息，信用卡省錢的最好方法就是充分利用這個特點，盡量多讓銀行出錢幫你埋單。現在，很多銀行都推出紅利機制，達到一定額度後就可以換取筆電、手機、相機等相應的禮品，可以說是一筆「意外收穫」。

經常出國的人，不妨到銀行辦一張適合自己的國際卡，雖

然有的銀行會收取一定的年費，但通常不會太高。對於有子女在國外讀書的，辦一張這樣的卡，父母持有主卡，子女持有附卡。這樣無須支付手續費，省略了匯款的麻煩與手續費，幾年省下來的費用也很可觀。

聰明消費，「租」止購物衝動

如果你很富有，卻還沒有錢到擁有一輛藍寶堅尼跑車的程度，那麼當你需要出入某些高級場合時，也許你會考慮去租借。

沒錯！

在義大利，提供奢侈品出租服務的俱樂部正在受到許多「中等」有錢人歡迎。法拉利跑車、遊艇、名家畫作，這些以往只有鉅富才能擁有的頂級奢侈品只需要會員繳納一定會費即可租用，從而使這些「中等」有錢人在公共場合更加光鮮亮麗。

38 歲的義大利人蜜雪兒是一位事業有成的債券基金經理。不過，當她需要出席一場華麗宴會或品酒會，或是週末去郊外時，她都會去俱樂部租車。雖然蜜雪兒也算是個有錢人，她在三座歐洲城市擁有房產，還有一座鄉間別墅。但是她也還沒有足夠實力擁有這些車。因此，精明的她選擇了租車來打扮自己。

金融危機的到來讓很多原本喜歡購買的消費者都調轉方向，改為租用。近來，美國時興一種實行會員制的線上租賃店

鋪，裡面有很多一流的名牌包包、項鍊等女士喜愛的飾品配件。只要繳納一定會費，就可以選擇擁有各式各樣的名牌包包一段時間。這樣可以讓不捨得買名牌貨的女生們過一把名人癮，天天穿不同的名牌上班逛街都沒問題。

當然，不同的系列商品所定下的租賃費用也大不一樣。比如，很受年輕小康歡迎的「最潮先鋒」系列（包括包包、項鍊等），大概每月需要 20 美元的會費；要租 gucci、nine west 等美國牌子的包包，會費就要升到約 50 美元一個月。如果你想租「溫柔公主」這個系列的話，商家也很貼心地準備了著名的 cole haan 鞋子，不過價錢要升到約 100 美元。但是不管怎麼樣，還是比自己買一件要便宜多了，還能天天換新，實在是「喜新厭舊」者的最愛。

與租衣服、手提包和汽車相對比的是租房子。很多人的經濟狀況在環境動盪下縮水了，原本打算買房的人由於資金不足改為租房。據有關資料調查，美國約是 60%，瑞士是 42%，英國是 46%，也就是說，這些國家有將近一半的人是住在出租房裡。因為高昂的房價迫使他們從經濟層面考慮住房消費。這也提醒我們：居住消費未必是每家都有一套房子。

在買房或者租房前要仔細斟酌。這裡有兩個指標可以參考：第一是房價與房租的比值。假設這套房子用來出租，十年至十五年能收回購屋成本，就是值得買的。第二是房價收入比。

在擁有成熟市場的國家，一般認為房價在年收入 6 倍以內比較合理，高於這個比例則房價虛高。用這兩個標準衡量，現在很多房子可能都不宜買，極端情況下，可能會出現一輩子租房比買房更划算。

因此，建議大家不要衝動消費，一切要從經濟角度出發，盡可能的用租用的形式應對鉅額消費，做一個真正的精明消費者。同時，很多事例都證明危機中必然有生機，聰明的你可以從市場中尋找到發展的機會，以度過寒冬。

理財小提示：堅持正確的消費原則

很多人都會奇怪為什麼自己不比別人少工作，也不比別人少賺錢，為什麼每當看帳戶結餘的時候，自己往往是空空的沒多少剩餘呢？也有人會說，這說明自己能賺錢，也能花錢。但關鍵還是自己的消費太多，並沒有合理正確的消費原則。在沒有原則的消費之下，自然會有不少錢不知不覺的消費完了。

因此，不管處在何種經濟環境下，都要堅持正確的消費原則。要不然，大環境沒亂，你自己倒有經濟危機了。

信用卡使用謹防陷阱

我們生活周圍有很多的陷阱，買東西會缺斤少兩，因為缺乏道德的小商販想靠這個賺錢；去商場買衣服，一不小心就會

買回一件壞衣服，因為商家通常會以次充好；去超市購物，到處是買 200 送 50 的折價券，但是逛回來仔細想想，羊毛還是出在羊身上。於是乎，我們擔驚受怕，生怕一不小心就掉入陷阱，上了商家的當。

不過，即便會遭遇很多次的上當，銀行總不會騙人吧！但是，最近有很多持銀行信用卡的人大呼「上當」。原來，小小的信用卡也暗藏著各種陷阱，稍不注意就有可能影響自己的信用記錄。那麼，我們一起來看看，信用卡使用有哪些陷阱呢？

陷阱一：一張表格來了五張信用卡

在公園裡了來了一個某銀行信用卡推廣的業務員，正在和鄰居們運動的劉老師很有興趣地聽著業務員的「演講」。在業務員的鼓吹下，劉老師匆匆填寫了姓名住址和身分證號碼，申請辦理一張信用卡。一個月後，劉老師收到了五張不同類型的信用卡。劉老師覺得莫名其妙，打電話到銀行客服詢問，發現五張信用卡全都要付年費，一張 500 塊，還是三年制的。可是，劉老師明明只要一張信用卡，怎麼會多出四張呢？

顯然，這是業務員違規的結果。信用卡業務員的服務品質與人品參差不齊，很多人為了完成業績，誘導客戶在申請辦理信用卡時，稀裡糊塗地簽署了多份資料，其實這些經用戶簽署的資料很可能是辦理其他信用卡的申請表格。因此，建議大家

在辦理信用卡時，寧可多花點時間，也一定要看清楚需要簽署的各份資料的內容，不要多簽其他無關資料或表格，以防別人盜用你的個人資訊和簽名去申請辦理其他的信用卡。

陷阱二：簽名和密碼難保安全

隨著信用卡的大量出現，很多大型商場、超市對於信用卡都是「一刷了之」，並沒有嚴格核對信用卡上的簽名。許多收銀員在持卡消費的顧客尚未在帳單上簽名前就已將信用卡歸還，很少看其信用卡背面的簽名，更談不上核對簽名是否一致。有的名字甚至寫錯了，收銀員都不會在意。這樣的「隨興」讓消費者很擔心，因為簽名和密碼也難保證安全。

在這裡，建議大家在信用卡上一定要記得簽上自己的名字，簽名最好有特色一點，不易模仿。

陷阱三：免年費只免一年

張阿姨在美式賣場里辦了一張賣場聯名信用卡，張阿姨聽說這張聯名卡的積分可以換成美式賣場購物券，就辦了。後來張阿姨忘記手裡還有這張信用卡，就一直沒啟用，而且業務員告訴她不開通信用卡就不用付年費。然而，第二年一張來自銀行的催繳年費單讓她措手不及，打電話到客服詢問，得到的答案是不管有沒有開通，都要收年費，只是第一年免年費，如

果第二年刷卡刷滿六次，可以免去次年年費。這樣的回答，讓
張阿姨感覺像是上當受騙，現在她只能選擇付清年費，然後停
卡，或是先啟用信用卡，再刷滿六次。

　　事實上，平時生活中像張阿姨這樣的情況很多，很多人辦
了信用卡而沒有啟用，卻被無形中催繳年費。針對這種情況，
理財專家建議大家辦理信用卡前，最好仔細閱讀信用卡合約內
容及相關承諾，而不是光聽業務員的巧舌如簧。辦了信用卡如
果不想使用，最安全的方法還是打銀行的客服電話停卡，停卡
不收費且不會影響個人信用記錄。

陷阱四：小心分期付款的美麗承諾

　　目前不少商場與銀行合作辦理信用卡分期付款的業務，讓
很多消費者開始衝動，特別看到鉅額的心儀商品，即使沒有
錢也要用信用卡先買下，再分期付款。但是，很多消費者並不
知道在約定的付款期內銀行不收利息，卻要收取一定的手續
費。如果選擇更長時間的分期付款，消費者需向銀行支付的手
續費甚至可能超過銀行的貸款利息。另外，各銀行規定，如果
消費者分期付款購買的商品需要退貨，銀行不退還已經支付的
手續費。

　　因此，建議大家在購買鉅額商品前要三思，看看是否真的
需要它。如果真的要買，則應充分了解銀行的分期付款條件，

包括分期付款是否免除手續費、手續費的費率及計算方法，以及商品出現品質問題，商場同意退換貨後如何進行退款等。

陷阱五：弄清還款的門道

信用卡的使用需要向銀行繳納利息。在國外，人們把信用卡看作個人信用的一大標誌。如果個人違約，不用說是一天，哪怕只是一秒鐘，也是違約的。

但是，在我們生活中有的人給銀行還錢時，只還整數，以為幾元幾角幾分可以不還，殊不知，時間一長這小小的一筆錢生出更多的利息。因此，專家建議大家還款之前一定要明確繳納金額，如果嫌麻煩可以辦理自動繳納的業務。

理財小提示：給信用卡持卡人的 10 條安全建議

1. 不要將信用卡借給他人使用

2. 不要將卡號、密碼、有效期等重要資訊告知陌生人

3. 不可輕信可疑的信函、電子郵件、手機簡訊及電話等，若有任何疑問請立即撥打銀行 24 小時服務電話

4. 刷卡消費時卡片應始終在你的視線範圍內

5. 簽名前要仔細核對簽購單上的卡號和金額

6. 簽購單上的簽名應與卡片背面的簽名一致

7. 不要在空白簽購單或在未填妥金額的簽購單上簽名

8. 交易取消時，應確認簽購單已銷毀

9. 簽帳後確認商店人員交還的卡片確實是自己的卡片

10. 收到當月對帳單前注意保存簽購單存根聯，以備核對資訊

巧用信用卡省錢又放心

信用卡是個鼓勵你提前消費的東西。當你的購物需求超出了你的支付能力，你可以向銀行借錢，信用卡就是銀行根據你的誠信狀況答應借錢給你的憑證，你的信用卡將提醒你，你可以借多少錢、什麼時候還。信用卡也將記錄你的個人資料和消費明細，以便為你提供全方位理財服務。

不過，如果到現在對信用卡的認識還停留在預借和刷卡消費等基本功能上，那就真的落伍了。因為，信用卡除了簡單的預借功能外，如果運用得好，它不僅能省錢還放心，還可以幫你巧妙賺錢。

一起來看看吧！

第一，巧用信用卡記帳，培養良好的消費習慣

使用信用卡消費有一個最大的好處是，到了月底，你可以把上個月所消費的記錄全部列印出來，進行分析，看看哪些消費是非理性消費，哪些是理性消費。檢查完後就可以知道存在哪些不理性的消費行為，哪些可以延後消費、哪些根本就不應

該消費，慢慢使購物消費變得容易控制，形成良好的消費習慣。

第二，選擇適合的聯名卡

很多銀行為了加強與商戶的連繫，往往會推出聯名卡，這類卡的好處除了可以換消費紅利，還有一個更大的好處就是購物可以打折，這種折扣不同於商家的日常促銷，聯名卡的性質跟會員卡的性質一致。如果你經常坐飛機，可以選擇一些航空公司的聯名信用卡。這些卡可以消費累積里程，達到一定的里程後，還可以申請免費機票，座位升級等等。

第 4 章　投資量力而行，
　　　　　在安全基礎上保值增值

小康階層人士大多喜歡理財投資，但是投資也要量力而為。投資應該在保障安全的基礎上進行保值增值，要不然錢沒賺到，倒把老本賠進去了！

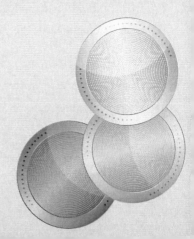

投資是小康的武器

　　小康階層的生活是節制之下的縱容，他們的財富是責任之後的富足，他們的消費是常規之內的奢侈，他們的理想是修飾過的低調個性，他們努力工作，但不會艱苦樸素，鄙夷縱情聲色但不介意表達愛意，可以廢寢忘食但也要享受最美好的一切。

　　做為小康階層，他們絕不允許自己的生活是流水線生產，喜歡優雅、愜意的生活空間。如果是去談生意一定會選私人俱樂部，安靜、私祕，又不顯過於隆重。小康階層最本質的特徵就是「比上不足比下有餘」。在「比上不足」的時候，他們會表現得像林黛玉初進賈府，處處小心謙遜得體，而不會像劉姥姥進大觀園似的醜態百出。而「比下有餘」是因為小康階層精於家庭理財。本身家庭收入已是不菲，既不做購物狂，更不是守財奴，而是審時度勢，瞄準機會精準出擊。因此，投資是小康階層的行為標誌。

　　所謂投資，就是「讓錢活過來，讓錢生錢」。投資是現代生活中最敏感、活力最強的一件事，也最能表現出人的觀念差別。在通往幸福、富裕的路上，小康階層邁入了富裕之列，懷抱著金娃娃，擁有較高的收入，就必然有消費投資的問題。小康階層絕不會讓錢閒著，把錢存在銀行裡利息很低，增值太慢，簡直是一種浪費，坐吃山空。一旦他們有了一定數目的餘

錢之後，他們往往就會思考著如果去進行投資生財，主要表現在以下幾個方面：

第一，偏好流動性較強的投資，像是股票和基金

做為比較理性的投資者，小康階層雖然對股市顯示出日益劇增的興趣，但是，上市公司資訊不完整、股票價格被操縱、大股東侵權、券商服務問題等因素會造成其權益受損，因此，相對來說，股市的風險性和娛樂性仍然是吸引他們的主要因素。「賺了還是賠了無所謂」，是大多數小康階層目前對待證券市場的態度。

第二，喜歡投資房產

擁有房產是大多數人的夢想，包括小康們。雖然房產的流動性較差，而且近年來房價的飆升跟他國房市泡沫化的前車之鑑讓人多少有些擔心，但是畢竟投資房產的心理壓力較小，有利於保值。另外一方面，投資房地產，自己擁有產權的同時，還可以出租，獲得定期收入。

第三，喜歡藝術，愛上收藏

通常有點社經地位的小康都會有「藝術」方面的愛好，雖然他們不見得具有欣賞藝術的能力，但是附庸風雅讓自己變得更

有格調在所難免。因此他們會喜歡收藏，比如收藏酒瓶，或者收藏家具，偶爾也去古玩市場或者拍賣行，說不定還能淘到好的古董、字畫。

理財小提示：小康階層的五大投資理念

一、有了餘錢就應該考慮去進行投資，不要只把錢存在銀行。

二、投資要講理性，發財要靠頭腦，盲目投資不如不投資。

三、實力是投資的基礎，善於規避風險才是經濟人。

四、投資不一定立竿見影。

五、實際的投資中，既要注重增值更要注重保值。

應正視投資的賺與賠

一個炎熱的夏日，狐狸走了一整天還沒有尋找到食物。不知不覺，狐狸來到了一個果園，看到葡萄架上掛著一串串晶瑩剔透的葡萄，饑腸轆轆的狐狸饞得直流口水。

狐狸想：「我正好口渴呢。」於是後退了幾步，向前一衝，跳起來，卻無法碰到葡萄。狐狸後退又試。一次，兩次，三次，但是都沒有得到葡萄。狐狸試了一次又一次，都沒有成功。最後，牠決定放棄，牠昂起頭，邊走邊說：「我敢肯定葡萄是酸的。」

　　故事中，狐狸由於自身能力和條件的限制吃不到葡萄，但是它並沒有停留在失敗的沮喪上，反而堅決地認定「葡萄肯定是酸的」這一事實，迅速地調整好自己的心態，從而繼續新的嘗試。

　　在我們投資理財的過程中，抵制難以抗拒的誘惑或陷阱是非常必要的，因為許多誘惑往往會帶給我們負債或者是不良的心理影響，反而不利於我們進行投資。

　　然而，投資之所以有著巨大的吸引力，就是因為可以利用它得到利潤或報酬。但什麼是令人滿意的報酬？你能否拍拍胸脯說賺 100 萬元就是滿意的報酬呢？這要看在什麼基礎上來評價和衡量。就拿 100 萬來說，如果 1000 萬元在兩年內賺回 100 萬，就要比 200 萬元在一年內賺回 100 萬要差；因為前者的投資報酬率是兩年 10%，而後者卻已達到一年 50%。

　　你可能會想，如果投資股票賠了 20%，只要等股票回漲 20% 就又打平了。其實不然，由於你的資金賠掉了 20%，剩下的只是 80%，以本錢的 80% 想賺錢打平，所要賺回的是剩下的 80% 的四分之一，即 25%。因為 80% 的 25% 只有 16，因此必須再漲 25% 才能撈回已損失掉的那 20%。

　　或許你不會太在意賠掉的幾個百分比，但萬一你賠去了投資額的一半，要做到回本就要以所剩資金再賺回一倍（而不是 50%）方可，如果賠掉了 75%，就必須賺回所剩資金的三倍。

如果賠錢後再想撈回來，要比想像的難得多。

　　對於投資理財來說，一個重要的問題是要求你能夠像狐狸一樣，正確看待投資賺與賠、得與失之間的關係，這樣才能將可能發生的虧損所造成的傷害減至最小。

　　索羅斯（George Soros）的合夥人、量子基金的創始人之一羅傑斯（James Beeland Rogers Jr.）說過：「當錢就像扔在地上等著你撿的時候，才是最好的出擊時機。」世界上所有成功的投資大師都有一個共同特點：耐心。耐心從本質上講就是不計較眼前的得與失，抵制短期的、表面的誘惑，放眼長遠。一個沒有耐心、經不住風雨，容易被眼前的利益衝昏頭腦的人，很難在經濟浪潮中特別是經濟低迷時期找到投資的曙光。

理財小提示：瓦倫達效應（Karl Wallenda Effect）

美國著名高空走鋼索的表演者瓦倫達，在一次重要的表演中不幸身亡。事後，他的妻子說，她預感瓦倫達這次要出事，因為他在表演前總是不停地嘮叨說這次表演太重要了，千萬不能失敗。而以前每次成功的表演前，瓦倫達只是一心想著如何走好鋼索。後來心理學家把這種不專心做好事情、對結果總是患得患失最終導致失敗的情形叫做「瓦倫達效應」。同樣，對於投資理財來說，太計較賺與賠的關係你反而會失去更多。

記住投資的 72 法則

　　成為富翁的美夢每個人都有，到底應該怎樣來安排自己的財富？理財專家告訴我們：理財投資請記住 72 法則。

　　72 法則是投資的一條金科玉律。由來已久，如果你會使用 72 法則，就很有可能成為有錢人。簡單的說，72 法則就是以 1% 的複利來計算，經過 72 年以後，你的投資本息就會變成原來本金的 2 倍。它的計算公式是

　　（本金翻一倍的年數）=72÷ 投資報酬率（不加 %）

　　這種情況下，以正常的投資途徑比如儲蓄實現資產翻倍，按照當前一年期定期存款利率 1.15%，投資收益翻倍需要的時間為 72÷1.15=62.6 年；如果全部投資於年均投資報酬率為 4% 的基金，則本金翻倍需要 18 年。

　　要想本金增值，就要轉變傳統的「有錢存銀行」的觀念。投資者應該根據自己的風險承受能力，盡量選擇收益高的理財產品。

　　如果投資於成長型的投資工具（例如債券基金和貨幣基金），若每年有 12% 的平均報酬率，那麼 6 年後就可以使你的錢加倍，也就是 72/12=6。再如：你有 10 萬元閒置資金可用來投資，某投資工具的年平均報酬率為 15%，72/15=4.8，利用 72 法則很快就可以算出，經過 4.8 年 10 萬元就可以變成

20 萬元。

不過，72 法則在另一方面反映出不同的意義。假如你手頭的錢不是因理財規劃拿出來去投資，而是放在銀行活期帳戶或者自家抽屜裡，現在辛辛苦苦賺來的錢，就會在未來的時間內有可能被通貨膨脹蠶食，導致資產縮水。現在臺灣的 CPI 指數（Consumer Price Index。消費者物價指數。）接近 3%，這就意味著，你手頭的錢財不及時加以打理的話，財富就會逐漸縮水，假設通貨膨脹達 10%，則 7 年後，資產就縮水一半。這是多麼可怕的資料！

很多小康階層人士都處於人生重要階段，許多人都需要為購房、購車、子女教育、保險、養老、投資、財產增值等進行財務規劃。因此，不僅要審時度勢，在經濟低潮中尋找適合自己的理財產品，同時還要掌握正確的投資理財方法，累積豐富的理財經驗，用數字說話，靠事實說話。

在這裡提醒各位小康階層人士：

記住投資的 72 法則 —— 提早投資，長期投資，實現你的人生夢想。

理財小提示：投資理財一定要有複利的觀念

投資理財一定要有複利的觀念，利用大錢生小錢，然後讓大錢與小錢再一起生小錢，像滾雪球一樣越滾越大。舉例

來說，每月投資 5,000 元，若年平均獲利率為 10%，那麼 10 年後可累積 155,625 元，20 年後有 343,650，30 年後有 1,046,964 元。除非你把所有獲利取出花掉，否則獲利本身還可以為你賺錢。因此，當你計算多少資金可以翻倍時，以 72 來除就可以了。當然，用 72 法則計算不如查複利表精確。實際計算複利效果時，可以利用公式計算，但如果數學能力不佳，計算起來相當麻煩，而運用 72 法則可以讓你馬上算出來而有相關概念。

如何調整投資策略應對危機

在經濟動盪的時候，我們建議小康家庭投資者根據自己的經濟狀況和風險喜好，選擇適合的投資產品謹慎投資，實施穩健的投資策略。

下面我們介紹一個小康家庭的理財案例。

李先生今年 35 歲，在一家公司任高級經理，妻子為該公司職員，有個兒子今年 8 歲。目前仍有房貸約 400 萬。在家庭收入支出方面，李先生家庭每月收入約 10 萬元，店面租金月收入 10 萬元，年終獎金 50 萬元，每月生活支出 5 萬元，家庭年淨收入約 200 萬元。

李先生家庭資產約 3000 萬，有兩處房產，在投資方面股票虧損嚴重，目前市值約 100 萬。另有股票型基金 150 萬元，現金大約 200 萬。房屋貸款尚差 10 年約 400 萬元。

李先生的理財目標是準備在年底分獎金後，一次性歸還銀行貸款。另外，為保障以後生活，考慮做些相應投資。

我們來對李先生財務狀況進行一下簡單分析：

一是整個家庭現金支出上控制合理，月支出占月均收入的 25% 左右。二是結餘現金較多，可考慮進行適當投資，累積現金資產。三是實物資產占總資產的 85%，均為房產。現金資產占 7%。投資資產占 8%。其中高風險的股票投資僅占 3%，由此可以看出李先生的家庭理財偏好穩健型。

針對李先生的情況，可以進行如下理財規劃：

一、暫時不提前還貸，尋找更多機會

暫時不提前還貸，掌握現金，主動尋找投資機會以增加未來的收益。

二、為孩子的教育及早安排投資

由於其兒子今年 8 歲，預計 10 年後孩子上大學將面臨一筆不小的費用，需要進行投資並及早安排。所以建議將現有資金中的 100 萬元購買債券型基金做為孩子的教育基金，按照年報酬率 5% 計算，10 年後可為孩子籌集教育基金 163 萬元，足夠孩子選擇良好的留學環境。

三、建議配置債券類產品或此類基金

債券類理財產品可以保證有相對穩定的收益。也可以採用基金定額定投的方式，逐漸吸收籌碼，分攤單次成本，在一定程度上可規避市場低迷，等待市場復甦。

四、退休規劃應提早開始

假定李先生準備 50 歲退休的話，目前距離退休還有 15 年的時間，可將手頭 100 萬購買債券型銀行理財產品或債券型基金，並在保證家庭生活品質的情況下，每年定投。按照目前報酬率 5% 計算，最少可以累積退休金 200 萬，加上原有家庭資產，足夠夫妻兩個過上舒適富足自由的退休生活。

防小康變無產，危機下顧好三個籃子

我們常常見到這種投資者，他把所有的投資目標羅列出來，股票、基金、債券、外匯等數十種理財產品。他相信撿到籃子裡的都是好菜，他的邏輯是只要有一種方式賺到就夠了。但事實上一個人哪有時間和精力去兼顧這麼多的理財產品呢？而且要把全部的漲跌都計算進來才能真正反映出損益。而當金融風暴襲來時，他就亂了陣腳，股票跌了，基金跌了，房產也不值錢了……一系列問題讓原本還算富有的小康階層一貧如洗。

因此，經濟形勢不景氣時，小康階層投資者如何去打理自己的資產，是一個值得思考的問題。

其實，理財是處理錢的方法，只有建立自己的投資地圖，清楚所在位置與終點的人，才不會在風浪中迷失了自己。一般來說，你可以在你的投資地圖上，清晰地劃分區域，分為眼前目標、中期目標和長遠目標。對於任何一個家庭來說，理財短期目標是建立一個簡單的儲蓄計劃，留足生活備用金，中期目標是建立子女教育和退休計劃，最後，當你手中餘錢時，才可以考慮做些個性化投資。如果是用剩下來的錢做投資，股票跌 30％、跌 40％ 也不會讓你的生活很窘迫，讓你的財富大大縮水。

在這裡專家提供建議 —— 看好三個籃子。

第一個籃子 —— 安全

不要把所有雞蛋都放進一個籃子，一旦遭遇碰撞，你將會竹籃打水一場空。因此，每個小康階層投資者都應該把手的財富分成三個籃子，安全籃子、退休籃子、夢想籃子。

三個籃子中安全籃子放在最底層，占的比例應該最多，大約 50％。對於一個家庭來說，保障資金的穩定和安全最重要因素。另外還可以給家庭成員購買保險，比如健康保險、人壽保險、傷殘保險等，以防止意外發生時將風險降到最小。

第二個籃子 —— 養老退休

做為小康階層的你，不管是企業的 CEO、辦公室的高級小康，或是自由的 soho 一族，都要管好自己的養老退休籃子。退休籃子的比例應占 30% 左右。

退休籃子應該貫穿一生，為了讓老年生活安逸富足，籌備養老金的過程應該提早進行。籌備養老金就好比是攀登山峰，同樣一筆養老費用，如果 25 歲就開始準備，好比輕裝上陣，不覺得有負擔，一路輕鬆愉快地直上峰頂。

第三個籃子 —— 夢想籃子

當前面的兩個籃子穩定後，你就可以準備自己的第三個籃子，這個籃子占你的總收入比例大約為 20%。這時候，可以把你的夢想，包括家庭的夢想都列表安排，去休閒、旅遊或度假等，豐富你的人生，精彩你自己。

理財小提示：組合投資可以幫你分散風險

理財必須考慮分散風險。如果把全部身家都押在一項投資上，那麼遭遇市場波動時就會變得很脆弱。組合投資是一個很重要的投資理念。它指的是將全部的財產看成一個整體，然後分割成若干「塊」，並將之分配到不同風險和收益程度的投資產品上，以便在可接受的風險水準上得到最佳的總報酬。

精準投資讓你穩如泰山

如何在危機中找到財富的先機，進行精準投資？是日益見跌的股票？還是遲遲不漲的基金？是穩坐泰山的

銀行儲蓄？還是投資固定資產？

身為小康階層，通常都有穩定的年收入，不希望家庭財產僅以儲蓄形式存在；追求較高的投資利潤時也可以承受一定的風險。在這樣的條件下，報酬率較高，安全性尚可的投資產品就成為首選。這裡專家給你推薦幾種理財產品，幫助你做準確判斷，有效投資。

購買企業債券

企業債券的報酬率幾乎與公債相等，甚至略高於公債，而且流動性極佳。同時，大部分企業債券和公司債券在發行時由銀行或信譽良好的大企業進行擔保和再擔保，這樣可以大大降低你的投資風險。

購買期貨理財產品

高風險的期貨有著同樣令人誘惑的高收益。所以它仍是許多投資者熱捧的對象。如果你對這方面的知識欠缺，不如購買理財機構推出的期貨理財產品，在保本的前提下享受期貨市場

的高收益。

投資外匯期權

外匯期權對於許多人來講還非常陌生，但對於喜歡玩外匯的人而言，外匯期權，無疑是最佳的風險沖抵工具之一。它的優點是可鎖定未來匯率，提供外匯保值，客戶有較好的靈活度，缺點是投資管道較新，報酬率無系統參考值。

投資藝術藏品

如果你手中有一點閒錢，不妨選擇投資藝術藏品，像古玩、書畫、古家具、玉器等，它可以讓你投資與陶冶性情兩不誤。不過，由於投資古玩字畫所需資金較多，而且真偽難辨，所以建議剛剛入門的小康階層最好投資一些現代作品。所需資金不過數萬，同樣具有很大的升值空間。

理財小提示：日本的小康階層怎麼投資

日本是全世界小康最多的國家之一。不過，他們在理財方式上偏愛保守安全的銀行儲蓄，所以他們的資產分布目前仍以儲蓄為主，其次就是投資債券，而其他理財工具用得比較少。

靠複利掌握財富主動權

關於複利，這個複雜的專業術語，很多人可能會不明白，還是先來看看故事吧！

野豬和猴子在一片收割過的田地裡發現了一袋農夫們丟下的玉米，於是牠們興高采烈地平分了這袋玉米。

轉眼到了第二年秋天的時候，野豬和猴子坐在田間聊天。猴子對野豬說：「還記得去年這個時候，我們撿到那一大袋玉米嗎？今年如果還能撿到話，就可以像去年一樣舒服舒服地過冬！

野豬聽完猴子的話，疑惑地問：「猴子老弟，難不成你把去年分得的玉米全都吃光了？」

猴子點點頭頭說：「沒錯呀！不吃光，難道留著嗎？」

野豬聽後，搖了搖頭：「看來今年你非得出去尋找過冬的糧食不可了！我把去年分得的糧食留下了一部分，找了塊肥沃的土地種下去，今年的收成還不錯。如果以後我每年的收成都不錯，那麼我就不需要天天為尋找食物而奔波了，年老時也不必為找不到食物而苦惱了！」

在這個故事中，我們可以看出，野豬運用了複利的方法，將一部分玉米留下播種，使其數量不斷成長，若干年後，玉米的數量將難以想像。

所謂複利，是指在每經過一個計息期後，都要將所生利息加入本金，以計算下期的利息。這樣，在每一計息期，上一個計息期的利息都要成為生息的本金，即以利生利，也就是俗稱的「利滾利」。

關於複利，股神巴菲特曾說，如果西班牙女王不支持哥倫布航海，而將 3 萬美元以 4% 的複利進行投資，到 1962 年將是 2 萬億美元，到 1999 年將是 8 萬億美元，相當於美國全年的 GDP，那麼世界上最強大的國家可能是西班牙。這當然是一個假設，不過複利的確有不可估量的神奇力量。

對於小康投資者來說，要想獲得長期盈利，再沒有比運用複利更重要了。這裡舉一個簡單的例子：比如郭先生一筆資金的金額為 1,000 元，假設銀行的一年期定期儲蓄存款的利率為 2.00%。郭先生每年初都將上一年的本金和利息提出，然後再一起做為本金存入一年期的定期存款，一共進行三年。那麼他在第三年底總共可以得到多少本金和利息呢？這項投資的利息計算方法就是複利。

在第一年末，共有本息和為：

1,000+1,000×2.00% =1,020（元）

隨後，將第一年末收到的本息和做為第二年初的投資本金，即利息已被融入到本金中。因此，在第二年末，共有本息和為：

1,020+1,020×2.00% =1,040.40（元）

依此類推，在第三年末，共有本息和為：

1,040.40+1,040.40×2.00% =1,061.21（元）

在複利計息方式下到期的本息和的計算原理就是這樣。這種方法的計算過程表面上很複雜，實際並非如此。上述張先生的資金本息和的計算過程實際上可以表示為：

1,000×（1+2.00%）×（1+2.00%）×（1+2.00%）=1,000×（1+2.00%）^{3}=1,061.21（元）

從上可以看出，複利的計算公式是：本金 ×（1 ＋年利率）^{n}

有人曾做過一個實驗，如果你有 1,000 元今天拿出來投資，常年的複利報酬率有 34%，那四十年後這筆投資會有多少？被實驗者所給的答覆多是介於 1 萬到 100 萬之間，答得最高的是位主修經濟學和統計學的，說是 1,000 萬元，其實真正的答案比 1,000 萬還要多，而且是多到 100 倍以上，答案是一億兩千多萬元，也就是說 1,000 元的投資四十年後就取得 12 萬倍以上的報酬，就是區區一塊錢也已經變成 12 萬元的現金。多麼可怕的力量！

通常情況下，人們只知道埋頭苦幹賺錢，卻並不知道讓錢生錢，才是最聰明，最省力的辦法。賺錢不只靠薪水，錢生錢

是非常重要而且也是非常有必要的收入來源。

時間和複利就像兩種神祕的藥劑，兩者混合便可產生令人難以想像的奇蹟。小康階層靠長期投資帶來的複利絕對可以過上非常富足的生活。因此，從現在開始，你可以拿出一部分不急用的資金進行長期投資，購買一些偏債型或分紅型的基金，如果你的風險承受能力高的話，也可以購買一些指數型基金或者股票型基金，讓複利這個「神奇的東西」為你工作，而牢牢掌握著財富主動權的你就坐在電腦前，慢慢地品著一杯上等好茶，等著收穫吧！

理財小提示：投資大師約翰・坦伯頓（John Marks Templeton）的忠告

投資大師約翰・坦伯頓（John Marks Templeton）告訴投資人致富的方法中，要利用複利效應的神奇魅力，就必須先懂得儉樸，所以必須挪出一半的薪水，做為個人在投資理財時候的第一桶金。存下一半的錢是一個不容易執行的重大決定，它考驗著你的決心、毅力和生活方式的調整。

竹雕，新手收藏者的一時之選

竹雕，就材料而論，竹子最廉價，它沒有木材那麼名貴，象牙那麼高雅，犀角那麼珍稀。然而，經藝術家雕琢，賦於它

藝術生命後，竹雕登上了藝術殿堂，也像其他文物古玩一樣，成為人們追棒的目標。

人類利用竹子可追溯至距今八千年的新石器時代，竹製的箭鏃在原始社會人們的生活中發揮重要的作用。據史料記載，竹雕在六朝時期就成為藝術品，到了唐宋，竹雕工藝取得了良好的發展，但真正繁盛起來是在明清。此時，繪畫藝術融入竹雕藝術中，花鳥、山水、書法成為竹雕藝術家常用的題材，大量的文房用具如筆筒、筆擱、香筒、鎮紙、筆洗等採用竹材雕製，另外還出現了供欣賞把玩的擺件，如人物雕像、小型樓閣、壁掛、如意等。

從目前古玩市場的行情看，一件清代竹雕筆筒，價格一般在幾萬元至幾十萬元不等，相比瓷器的價格，還是比較低的。但瓷器的價格已經相對穩定，而竹雕卻有上升之勢，長遠地看，還將有較大的升值空間。

收藏竹雕藝術品，首先要了解流派，熟悉風格。明代竹雕主要集中在嘉定、金陵二地，故有「嘉定派」、「金陵派」之說。嘉定派以朱松鄰祖孫三代的深刻法（圓雕、浮雕、高浮雕、透雕）；金陵派以李耀、濮仲謙的淺刻。

其次，善於分辨竹雕藝術品的真偽。鑑定竹雕藝術品的真偽，與書畫鑑定相似，要看年代、工藝、品相和名家，但歷史上名留史冊的名家作品畢竟有限，能夠保持品相良好、留傳至

今的就更少，所以名家真品是可遇而不可求的，一旦出現也必定價格不菲。有實力的小康階層收藏者可以從一些正規的拍賣會上購買，雖然價格高一些，但品質有保障。而在平常的生活中涉及竹雕藏品時一定要注意以下幾點：

一、對名氣大的作品要頭腦清醒，謹慎出手

收藏市場日趨成熟，撿了便宜的可能性微乎其微，當發現有名家作品出現時，有可能就是一個陷阱，不要輕易上當。

二、注意品相

竹雕器物由於材質本身的原因很容易開裂，如果裂紋影響了器物的整體造型和美感，價值上就會大打折扣，即使有年代久遠的老器物也是一樣。

三、注重雕工

雕刻工藝的高低直接決定了器物的價值，如果工藝簡單甚至粗劣，即使是老東西也沒有多少收藏價值。

四、妥善保存

雖然竹器不像瓷器、玉器那麼容易弄碎，但空氣的乾溼度對它影響很大，要特別注意不要放在乾燥的環境裡，否則造成

開裂就會直接影響其價值。

　　竹雕工藝品，在藝術百花苑中，注定是一朵小花！因為在人們心目中，竹雕屬於「小器」，在古玩分類中又是「雜項」。但一器之微，卻巧奪天工，理應有自己獨特的地位。喜歡古玩收藏的小康階層不妨由此涉獵竹雕，因為一件名家竹藝，就是一幅名家書畫，既可置於案頭欣賞，又可持手中把玩，還可保值增值，豈不美哉！

理財小提示：竹雕收藏小知識

竹材為易損材料，注重收藏技術，如受潮漲起，乾燥收縮，乾乾溼溼就會裂開，因此竹雕理想的收藏環境是控制溫度在20℃左右，溼度約為 60%。梅雨季時可以將竹雕放進有樟腦的塑膠袋密封，以免吸潮；乾燥時要防止乾裂，盡量不拿出玩賞，切忌太陽暴晒。一般隔1至2年要用生桐油或胡桃油、松子油輕擦一遍，可使其保持潤澤，只需將胡桃、松子果仁包於紗布中，在竹雕製品上擦摩即可。

收藏品中的績優股 —— 犀角杯

　　酒文化源遠流長，做為中國傳統酒具中最為珍貴的一種，犀角杯的收藏價值與日俱增。

　　在《笑傲江湖》中，祖千秋說：「這一壇關外白酒，酒味是極好的，只可惜少了一股芳冽之氣，最好是用犀角杯盛之而

飲，那就醇美無比，須知玉杯增酒之色，犀角杯增酒之香，古人誠不我欺。」美酒須與犀角杯來相配！犀角杯之所以用來盛酒是因白酒性燥熱，犀角性寒、涼，有涼血、解毒、鎮驚、滋補之用，所以人們就用犀角製成器皿飲白酒，以祛病延年。這也成為如今市面上出現的犀角製品多為酒杯的主要原因。

　　犀角是世界上非常有名的牙角料之一。人們常說的「竹木牙角」四大雕器中的「角」，主要是指犀角。據出土考證，自商朝起，犀角就被人們所利用。因犀角極易被腐蝕，所以流傳下來的犀角杯極少，現存於世的犀角雕刻品不足 5,000 件，而且通常都是明清兩代的作品。

　　犀角杯的造型主要分平底與錐底兩種，一種適合置於桌面，另一種則更適合手握。犀角杯最大的特點就是實用和藝術的完美結合，能工巧匠們巧妙地利用犀角的材質，和犀角所特有的樹幹質感的扭曲、虯勁等特徵，製作雕刻成一個個工藝精湛，玲瓏精巧的犀角杯，並在犀角周身表面，甚至內壁上雕琢山水、松石，意境幽遠古韻。大師的藝術氣質和靈感，在犀角杯身方寸天地中，抒發得淋漓盡致，而且杯身的雕刻技法各有不同，深雕、淺雕、鏤空雕等疏密有致，使得每一件犀角杯上的紋飾，都包含各自不同的意境。

　　犀角有亞洲與非洲犀之分，一般亞洲犀角質優於非洲犀角，所以其所雕之物也珍於非洲犀角製品，價格上就有一定的

差距。如今想要購得一隻真正的犀角杯珍品，還是需要透過拍賣公司。

現今民間古玩市場上的犀角製品多是贗品，大多是用黃牛、水牛等動物的角代替，更有人用毫無價值的合成犀角矇騙藏家。如何分辨真假犀角，其實在明代人曹明仲的《格古要論》中就有對犀角的詳細描述：「凡器皿要滋潤，粟紋綻花者好，其色黑如漆、黃如粟，上下相透，雲頭雨腳分明者為佳。」即犀角器以粟紋清晰，質細膩似玉，逆光下觀看瑩潤欲透的是上品，而這也正是分辨真假犀角的關鍵點。

如今犀牛已經被列為瀕臨絕種動物。根據《瀕危野生動植物種國際貿易公約》規定，任何獵殺犀牛和進行犀牛製品的交易都是違法的。但犀牛數量仍然連年減少，現存的 5,000 種犀牛均瀕臨滅絕，市場上不會有新的犀角賣出。傳世的犀角杯變成了絕後珍品，並且犀角本身又極易被腐蝕，所以存世的犀角精品將越來越少，價格必將上升。在 2005 年香港蘇富比秋季拍賣會上，一件明代犀角雕雙螭海棠形杯以 5,700 萬元新臺幣成交，創下當年中國文玩雜項的最高價。2006 年 9 月紐約蘇富比拍賣會上，一件清康熙犀角雕仙人乘槎杯以 1,016 萬美元成交，創下當時犀角雕拍賣世界紀錄。

因此，收藏者之所以追逐珍稀藏品 —— 犀角杯，不僅僅是因為瑰麗蹊蹺的造型深得世人喜愛，犀角中蘊含的尊貴之氣

使得犀角杯成為宮廷貴族中的不可少的藏品，犀角杯價值不可估量！

理財小提示：如何鑑別亞洲犀和非洲犀

亞洲犀和非洲犀很像，不是行家很難看出來。它們的主要差異有二：一是犀角底部的形狀，橢圓的是亞洲犀，圓形的是非洲黑犀，近長方的是非洲白犀；二是犀角底部凹腔處旁邊的「裙邊」，裙邊闊的是亞洲犀，裙邊窄的是非洲犀。

不可錯過的投資寵兒 —— 紅寶石

　　紅寶石是寶石中甚為稀少而又極為珍貴的一種，在西方歷史上地位很高，《聖經》中把紅寶石與智慧相提並論，並用它象徵猶太部落；古埃及人認為紅寶石是王者至尊的象徵；古希臘人相信紅寶石中存在著巨大的力量，將它裝在建築物上可避雷雨襲擊；而在中世紀的歐洲，普遍認為紅寶石是神靈慈悲的寶石。在中國，清代官員的頂帶制度規定，親王以下至一品官員其冠頂均用紅寶石。

　　數百年來，在東西方不同的審美觀念下，嬌豔璀璨的紅寶石仍立於珠寶界不敗，成為最受市場追捧的名貴寶石，被無數珠寶收藏家所青睞。難怪香港佳士得資深珠寶專家曾感嘆著說：「你可能發現一顆巨大的純鑽石，但很難發現一塊巨大的純紅寶

石。」由此可見，紅寶石在收藏界的地位非常之高，是收藏家眼中的寶中之寶，不可錯過的投資寵兒。

　　緬甸是全球紅寶石最好的產地，而產於緬甸的紅寶石，開採難度相當大，通常需要剝去厚達 15 英尺（即 457 公分）覆蓋層才能達到含有寶石的礫石層，而從去掉最大的礫石一直到選擇寶石，再經過數道工序和幾十次的精心挑選。每得到 1 克拉的紅寶石，要開採 500 噸礦石，在這種艱苦條件下獲取的紅寶石珍貴程度可見一斑。

　　鴿血紅是紅寶石中檔次最高、數量最稀有珍貴品種。主產於緬甸，它色調豔麗，如同當地一種鴿子的鮮血一樣，故得名「鴿血紅」。這種極品色調的紅寶石在白熾光照射下，光彩燦爛，似晨曦晚霞，讓人愛不釋手，而被收藏界稱為昂貴的紅寶石。當然，所有的紅寶石顏色相當豔麗，在光源照耀下，能反射出美麗動人的六射星光，俗稱六道線，這是紅寶石的特殊晶體結構所致，是其特有的光學現象。但現在市場上有很多濫竽充數的紅寶石，讓你真假難辨。一般來說，假紅寶石有兩種情況：第一種是以品質不佳的紅顏色寶石冒充紅寶石，而且，所有假紅寶石均無紅寶石特有的色形和光性。第二種是人造紅寶石。人造紅寶石在比重、硬度、顏色等方面與天然紅寶石極為相似。直觀地判斷，人造紅寶石質地勻稱純淨，無天然雜質、色勻而正，常常顆粒較大，缺少自然感。

小康階層若想投資紅寶石，可以從大小、火彩、顏色、裂紋幾個方面考慮：

一、大小：紅寶石越大，其價格越高，顆粒小，價格就越低。但因為大顆寶石非常罕見，所以平常所見的顆粒較大的紅寶石，一般是假的。

二、火彩：在光源照射下，紅寶石正面所表現的顏色，它實質上是紅寶石的透明度、切工、顏色的綜合表現，一塊好的紅寶石在輕輕轉動時（面對著自己），可見內部有很多紅色的小「火苗」在閃爍，對於高品質的紅寶石要求其火彩要占整個冠部的55%以上。

三、顏色：紅寶石的顏色有多種，純紅色是最好的顏色，其次為微帶紫的紅色，接下來是粉紅色、紫紅色、棕紅色，發黑的紅色、很淺的粉紅色都是較差的紅寶石。另外從檯面觀察紅寶石，在轉動時，應只看到一種顏色為最好，如能看到其他顏色，則說明紅寶石加工不佳。

四、裂紋：由於紅寶石的裂紋較為普遍，在挑選時，應盡量挑選裂紋少而細的紅寶石，特別是不要挑選裂紋穿過寶石中心的紅寶石。

集美麗、神聖、智慧、權利於一體的紅寶石是眾多收藏者眼中的寵兒。如果你有幸獲得一顆紅寶石，那將是幸運極致！

附：紅寶石的產地和特點

世界上優質紅寶石的產地不多，且多集中在亞洲東南部各國，如今在國際市場上流通交易的紅寶石大多出自緬甸、斯里蘭卡和泰國。這些地方因地質形態的不同，產出紅寶石也大有區別。

‧ 緬甸是紅寶石最著名的產地，英國皇冠上重 167 克拉的紅寶石，伊朗皇冠上 84 顆紅寶石，都是由緬甸的紅寶石製成。特別是緬甸北部的抹谷地區出產的「鴿血紅」的紅寶石，更居紅寶石之冠。緬甸紅寶石的特點是，顏色分布不均勻，常呈濃淡不一的絮狀，也稱「糖蜜狀」構造，並且含有豐富的金紅石包體。目前，緬甸紅寶石開採權由緬甸軍方控制，每年的開採量十分有限，所以市場上的緬甸紅寶石價格昂貴。抹谷為緬甸主要的紅寶石產地，多為鴿血紅、玫瑰紅、粉紅色，顏色鮮明但不均勻，經常可見到平直的色帶用肉眼從不同方向觀察，常可見到兩種不同的顏色。寶石中含有的纖維狀金紅石包裹體，有利於琢磨成星光紅寶石的戒面。

‧ 泰國也是紅寶石的重要產出國，泰國紅寶石大部分顏色較深，紅到發黑，包裹體少見，常見指紋狀包裹體和荷葉狀包裹體。此外，泰國紅寶石幾乎缺失金紅石包體，因此沒有星光紅寶石品種。因為顏色過深所以價格不高。

‧ 越南紅寶石的顏色介於緬甸和泰國紅寶石之間，總體顏色比緬甸紅寶石深，而比泰國紅寶石淺，主要表現為紫紅色和淺紫色。透明至半透明，除了極少數做刻面寶石外，大部分用作弧面寶石。

‧ 斯里蘭卡紅寶石的特點與緬甸紅寶石相似，也是多出產高級紅寶石。但顏色較淺，呈粉紅色居多，透明度較大，內部含大量的金紅石、鋯石包裹體，透明度也較好。

‧ 中國紅寶石主要有黑龍江、新疆、青海安徽、雲南等省區，以雲南紅寶石最好，但與緬甸紅寶和斯里蘭卡紅寶還是有品質落差。

理財小提示：專家教你火眼金星選購紅寶石

寶石跟鑽石的分級方法很類似，1T 和 4C：即透明度（ Transparency ）、顏色（ Colour ）、淨度（ Clarity ）、切工（ Cut ）、克拉重量（ Carat ）來衡量。透明度是指寶石允許可見光透過的程度。在紅寶石的肉眼鑑定中，一般將透明度分為：透明、亞透明、半透明、亞半透明、不透明五個級別。因此，寶石的透明度越高，其價格就越驚人。

投資紫砂壺當代名家作品風險小

在 2008 年中國嘉德秋季拍賣會上，蔣蓉的「五頭束柴三

友壺」成交價格為 252 萬新臺幣，何道洪的「梅花周盤壺」成交價在 224 萬新臺幣。僅過了兩週時間，一把唐雲生前收藏的顧景舟製、吳湖帆繪的大石瓢壺在上海工美秋季藝術品拍賣會上以 1,590 萬元成交，這可能是迄今有成交記錄最貴的紫砂壺。此後，各地的紫砂博覽會更是層出不窮，吸引了大批收藏者的目光。

從紫砂壺的數量來看古董級紫砂壺存世量有限，從紫砂壺現在的價格來看，當代大師所製作的紫砂壺作品產量稀少，價格更是一路飆升。因此，買紫砂壺適合投資的是當代名家的紫砂壺作品，因為大師級的紫砂壺不僅昂貴且數量稀少，購買普通當代名家的紫砂壺作品是一個不錯的選擇，其價格在幾萬到幾十萬不等，風險小，而且保值增值空間大。

據有關專家介紹，一般明清時代的紫砂壺價格都在數萬元，清代名家作品價格在 50 萬元至 75 萬元，明代名家作品價格在 100 萬元至 150 萬元。但是市面上很多做舊的紫砂壺作品讓購買者真假難辨。因此，鑑別紫砂壺的真假價值，主要看六點。

一看泥料的好壞：紫砂泥分為紅泥、綠泥、紫泥三類，純正的紫砂泥具有「色不豔，質不膩」的特點，紫砂壺泡茶之所以味道特別淳香味美，在於紫砂泥具有雙透氣結構。而紫砂壺工藝師在製壺時，可以將其中泥料混合配置，或者加入金屬氧化

物著色劑，以產生不同的色澤外觀。

二看精美的形態：紫砂壺的造型由於工藝師的不同和時代審美的要求，造型千變萬化，但傳統造型如「西施」、「石瓢」、「仿古」等一直受到藏家的喜愛。而整體的比例以及壺嘴、壺把、壺蓋的配製應流暢自然。

三看純手工和半手工之分：一般情況下純手工製作的壺較貴，不同的工藝師之間製壺有不同的工藝手法，做工精良的紫砂壺蘊含氣質，更能表現作者的個人特色。

四看名家題款：紫砂壺作者的印章款式是收藏者辨別紫砂壺真偽的一個重要因素。如果有名家在壺上題詞鐫刻，壺的價值就會更上一層樓。

五看紫砂壺的實用性：容量和高矮是購買者選擇實用的紫砂壺的評判標準，而口蓋是否嚴密、出水是否流暢更是評定功用的主要依據。

六看名家名壺：一般來說名家製作的紫砂壺作品，即使和普通工藝師的作品差別不大，但是其價值相對較高。

如果你有幸淘到了紫砂壺，千萬別高興得太早，因為好的紫砂壺重在養壺。無論多貴的壺，只有養好了，才能真正表現紫砂壺的精髓。養得好的壺，會有圓潤細膩、素雅柔和的色澤，猶如人佩戴久的美玉一樣。這樣的色澤，我們稱為「胞

漿」，養出了「胞漿」的紫砂壺，其收藏價值遠遠大於新壺。

　　養好紫砂壺是一個較為漫長的過程，一個壺只能泡一種茶葉，並且不同泥料的壺適合泡的茶也不盡相同。想要把壺養好，泡的茶葉就需要是上等品，而且用來泡茶最好是選擇是山泉水、礦泉水。用紫砂壺來泡茶，需要常常清洗，並用專用的茶巾擦拭乾淨，用久之後自然會產生柔和古雅的光亮色澤。壺身不要沾染油汗，泡茶時要保持手的清潔，如果手上塗了護手霜也會對壺身造成汗染，影響壺的養成。

　　和其他收藏品不同，紫砂壺的實用性很強。紫砂壺是用於泡茶注茶的。對於紫砂壺的性能「色香味皆蘊」過去早有定論。現在有很多人誤以為凡是陶壺都是紫砂壺，其實不然，用江蘇宜興紫砂陶土燒製而成的紫砂陶茶具，才是舉世公認的質地最好的茶具。

理財小提示：紫砂壺名壺 ──「冰心道人」壺

「冰心道人」壺是清末民初年間的紫砂壺。壺體顏色似瓷器中的茶葉末釉，壺身正面是一個凹進去的龕，內坐一人，龕外壁裝飾有桃樹、桃花、桃葉。壺身另外三側為雕刻的雲紋。

壺底款為「冰心道人」。「冰心道人」為清末民初年間紫砂大師程壽珍（1858 至 1939 年）的號。程壽珍製作的紫沙壺曾在 1915 年和 1932 年，分別獲得巴拿馬國際賽會和芝加哥博覽會的頭等獎和優秀獎。

收藏古家具要懂六招

不管你住的是公寓、別墅，不管裝潢風格是歐式，還是中西合璧，在你書齋或是客廳，放上幾件古家具，或點綴一兩塊老屏風，就像畫龍點睛，你的房間立刻就會不同凡響，散發出濃厚的人文氣息。

近年，好的古家具以每年 30% 以上的速度增值。一個清朝晚期的凳子賣到 25 萬元，一張清朝的黃花梨太師椅要價 100 萬至 250 萬，如果說有什麼東西越用越值錢，越舊賣得越貴，那古家具肯定算是其中之一了。

縱觀古典家具史，最有升值潛力的品種首先有兩類：一類是明代和清代早期的明式家具，木質一般為黃花梨；另一類是乾隆時期的清式宮廷家具，木質一般是紫檀。

鑑定一件古家具，就像我們平時看電影，無論演的內容是哪個朝代的，我們都能看出是什麼年代拍攝的，古家具亦然。每件古典家具都有它的重點，有的雖然做工有點粗，但地域文化風格濃郁，有的雖然樣式普通，但工藝很優秀，有的結構好，有的樣式好，有的雕刻好等等。

如何挑選藏品，做工精、選料好是選購古典家具的兩大準則。對於做工來說，首先榫卯要方正嚴密，在結構方面，線條自始至終要等粗，曲線過渡要自然流暢；圖案的疏密，木件比

例要合乎傳統風格。對於選料來說，要考慮硬度高、紋理好且乾透的木料。如遇到真的古家具固然好，但如遇上老木新做的仿品也不錯，因為這些老木料，經過多年的風乾，性質穩定，且老材料的升值空間也大一些。總之，只要你有眼力，「仿品」、「贋品」一眼即穿。這裡為你介紹六個關鍵招數，用於破解渾水摸魚的仿古家具，以免你上當受騙。

第一招看材質：一個時代一般有其代表性的木材，如果出現材料拼湊，或者材料不符合時代出現規律，則很可能是偽造。比如有些家具表面會出現高低不平的木紋，但要看仔細了，是否用鋼絲刷硬擦出來的，是否與原有的木紋對得起來，硬擦的木紋總有一種不自然的感覺。

第二招看包漿：真正的古家具色澤和厚度各處應當一致，陳舊痕跡自然，該舊即舊，就像人的臉在外受日晒雨淋，難免比身上要黑一些一樣。一般在使用者的手經常撫摸的位置，會出現自然形成的包漿。新仿的包漿要麼不自然，要麼在不常撫摸的地方也做出來了。

第三招看風格：不同時期的古家具均有各自時代的獨特風貌、時代符號，如果家具上混合出現，或者是符號與時代特徵不符，則很可能是偽造。以前的家具製作時在工時上放得比較寬，工匠的心態也相當平靜，精雕細刻，圓潤自然，具有時代的特徵。而如今新仿的家具，為了降低成本，往往趕時間，

在雕刻上就會露出馬腳，胡亂拼湊，在中式家具中，圓不夠順暢，方不夠堅挺，西洋家具的邊框花飾還會出現偷工減料的情況。

第四招看裝飾：古家具製作時會盡量使線型統一，裝飾手法也會和時代相協調一致，如果不一致，則可能為偽造。有些布面的椅子在翻新後，原有的椅圈會留下密密麻麻的釘眼，這種椅子就是老的。有些藤面椅子，原來的藤面爛掉了，會留下穿藤的眼子，翻過來就可以看到。

第五招看完整性：古家具往往有殘缺，就像風燭殘年的老人難免有些身體毛病。如果過於完整，則很可能是偽造，如果太過殘損，則收藏價值會打折扣。在潮溼地區，家具通常直接擺放在泥地，時間長了就會出現腳有褪色和受潮水浸的痕跡。

第六招看堅固性：古舊家具一般年代久遠，容易晃動鬆散，如果過於堅固，則要認真查看了，很有可能是翻新的仿古家具。

理財小提示：古典家具之美 —— 黃梨花家具

做為製作家具最為優良的木材，黃花梨有著非凡的特性。這種特性表現為不易開裂、不易變形、易於加工、易於雕刻、紋理清晰而有香味等，再加上工匠們精湛的技藝，黃花梨家具也就成為古典家具中美的典範了。時至今日，海內外收藏家無不以收藏到黃花梨家具絕品而自豪。黃花梨家具也成為了「古典家具之美」的代名詞。

第 5 章　不同類型小康家庭的理財經

　　身為小康階層都想藉由理財來實現財富的夢想，但每個家庭的情況都不一樣，在這一章裡，我們挑選了幾個典型的不同類型的小康家庭舉例。相信聰明的你能從這些案例中找到自己家庭的影子，從而使自己家庭資產形成合理的資源配置，讓錢為你工作。

家庭年收入 75 萬元理財五年規劃

　　張先生和張太太是企業的小康階層，馬上就要 40 歲了。多年的辛苦奔波，生活終於有了一點起色：住在一棟舒適的公寓，剩餘近 60 萬元貸款，還款期還有 12 年，每月還款 4,167 元；家庭年收入 75 萬元，家庭每年生活開支約為 36 萬元；現有活期存款 36 萬元，沒有其他投資。因為公司離家近，目前還不準備買車。女兒妞妞正在上小學四年級。

　　不過，由於家裡的親戚比較多，幾乎每年上半年都會被借出 15 萬元，大約半年能歸還。張先生和太太的工作單位有基本勞健保，沒有其他商業類保險。由於張先生是保守型的投資者，所以不準備進行股票投資。但是，隨著女兒的長大和自己年齡的增加，張先生想諮詢一下未來 5 年該如何理財，才能提高自己的生活品質，同時家庭又得到保障。

　　從這個案例中，我們可以看出張先生一家目前生活得非常普通，主要是家裡的錢沒有得到合理的利用，讓人看起來日子過得不太舒服。我們來一起整理張先生的情況：正常情況下，按照 60 歲退休計算的話，張先生工作時的理財時間正好 20 年。而這 20 年可以劃分為 4 個「5 年規劃」。在這個時間段內，張先生如果採取科學的方法打理家財，主動規劃人生，學會靈活運用一些新的投資工具來實現更高收益，那麼當他 45 歲時，資

產就會翻好幾倍，那時買車、子女教育都會有很好的經濟保障。

具體的理財措施有以下三個方面：

第一，提前建立女兒的教育基金

雖然女兒妞妞才上四年級，目前的教育開支不是太大，但以後上國中、高中和大學的費用肯定會增加，因此，將來家庭開支除去歸還房子貸款外，最重要的專案就是女兒的教育。理財專家建議：張先生可適當從以後的收入中拿出 50% 資金，定期定額申購績優的股票型開放式基金或者股債平衡型、債券型基金，這類投資風險不太，短期收益並不大，而且贖回週期短，能穩穩地賺取較高理財收益。

第二，利用現有的 36 萬元積蓄進行短時期理財

由於張先生的家的收入每年都會借出 15 萬元，在這種情況下，這筆積蓄可以是投資貨幣基金，貨幣基金靈活性較高，理財起點比較低，即使之後將 15 萬元借出，也不會影響剩餘資金的報酬率。目前，貨幣基金的年報酬率一般在 2% 左右。

第三，穩固夫妻二人的養老和醫療保障

雖然張先生夫妻二人都有基本勞健保，但女兒尚小，自己的年齡又比較大，未來會發生什麼突發情況，是很難設想的。

這時，張先生可以用現有的積蓄和部分後續收入進行穩定增值型投資，擴大夫妻二人的養老和醫療基金，比如採用開放式基金和債券搭配的方式。兩三年之後，當這筆投資增加時，還可以選擇借助新工具進行理財。

理財小提示：計算好孩子的教育基金

一個孩子到底要多少錢才能滿足他從幼稚園到大學畢業的全部教育呢？

嬰幼兒階段找公托，每月 6,000，三年就要 21.6 萬。孩子上幼兒園三年的費用是 10.5 萬。小學階段六年下來需要 6 萬，這還沒算上補習班、安親班等等課外安排。國中三年的費用大約需要 4.2 萬元，高中則是 2.5 萬元，大學四年不算生活費，僅算學費學雜費，四年就要 24 萬。

如果要養一個孩子到大學畢業，光是教育支出就需要 21.6+10.5+6+4.2+2.5+24=68.8 萬元

另外再加上額外的教育經費，至少要準備 80 萬元，這樣才能為孩子創造最基本的教育環境。

老少一家五口的小康家庭理財建議

一對夫妻因上有老人需要贍養、下有孩子需要撫育，是一個壓力比較大的「夾心一族」，因此，相對來說結構比較複雜的家庭的理財規劃要更加細緻、全面、周到。

劉先生今年 37 歲，是一名高中教師，妻子比他小兩歲，一家外商的創意總監，女兒上小學。與男方父母同住。他們家的經濟情況如下表：

收入	夫妻月收入合計 20 萬新臺幣 一間老套房出租合計 12,000 元
支出	每月供養女方家長約支出 10,000 元，每月家用 15,000 元 30 年分期貸款 120 萬元，月供 3,333 元
股票	股票價值約 25 萬元
存款	銀行存款 50 萬元
固定資產	一處現值 1000 萬元的舊房 現住在 5 年前購買的價值 1500 萬元的中古屋裡

從以上表格我們可以看出，劉先生一家較為寬裕，但劉先生想在此基礎上更加努力，讓家庭經濟更加穩定。他的具體計劃是：以劉先生月收入維持日常開支；舊房租金繼續供應現住房貸款，經濟支柱劉先生的意外險＋壽險（保額 115 萬元）及小孩意外傷險（保額 30 萬元），年供款 8 萬元；女兒高年級及大學所需教育金，可由後續月收入或者出售舊房獲得；計劃在 2 年內將貸款年限縮短為 20 年；股票和現金市值 75 萬元，不準備增加股票投資，明年股票加現金增至 125 萬至 150 萬元後，妻子準備離職自己創業。

對於這種理財思路，劉先生心裡還是沒有底，想諮詢理財專家是否可行？

針對以上案例進行資訊分析，理財專家認為劉先生的家庭財務安排總體上很合理，經濟基礎處於相對較高的水準。首先家庭收入較高，收入總計約 240 萬元／年。二是支出費用不高，屬於一般水準。三是投資管道，股票投資 25 萬元，銀行存款 50 萬元，落差有點大，缺乏中間風險和具有收益的產品。因此，理財專家給出以下幾個建議：

第一，以租養房以是明智之舉

以現有兩舊房出租所得 12,000 元 / 月，可以滿足房屋貸款所需，可以長期維持下去。另外，以劉先生一家的固定收入，已可保障家庭及老人日常生活所需。

第二，適當縮短分期期限，著重教育投資

隨著女兒小學時間的推移，真正的高投入時期還在後頭，目前正常的資金累積基本可以滿足其日後的需求。在房屋貸款方面，15 至 20 年是最佳選擇，經濟上既可承受，又可節省利息支出，因此適當縮短分期期限，著重教育投資是聰明的選擇。

第三，辭職創業要三思

創業當老闆是幾乎是每個人的夢想。個人創業必須慎重考慮幾個因素：臨近 40 歲的你還是否有明確的行業目標和客戶市場？除去家庭正常的開支外可投資資金是不是雄厚？當然，如果你確定你的專案是可行的話，資金不是最重要的問題，可考慮將舊房出售取得足夠的創業資金。不過，對於上有老下有小的劉先生來說，妻子辭職選擇創業還需要三思。

理財小提示：投資要「避免風險，保住本金」

巴菲特曾說過：「投資成功的祕訣有三個：第一，盡量避免風險，保住本金；第二，盡量避免風險，保住本金；第三，堅決牢記第一、第二條。」投資者必須留意風險，才會有能力迴避風險，然後才有機會去談收益。

因此，請記住「避免風險，保住本金」這八個字。

年收入 150 萬家庭如何理財

高收入的人群中，一般年齡都在 40 歲左右，大多身體健康，正值事業的巔峰時期。從家庭角度來看，這樣的家庭一般都比較踏實，手裡存錢比較多，車房基本齊全。像是以下這個案例。

阿勇今年 40 歲，就職於一家廣告公司的業務經理，年收

入 144 萬元。妻子郭佳今年 35 歲，是個公務員，年薪 54 萬元。父母現已退休，每月領取的退休薪水維持兩個老人的生活略有餘裕。兒子波波今年 9 歲，讀小學三年級。阿勇有小車，暫無家庭購車需求，業餘愛好是錢幣收藏和投資，對證券市場有研究。阿勇妻子已購買住房，前一段時間裝潢，投入大部分資金，現已沒有什麼積蓄。岳父、岳母年近 60 歲，住鄉下，靠阿勇一家提供生活費用，目前身體健康。關於家庭的理財與規劃，阿勇有如下安排（見表）。

年收入	阿勇年收入 144 萬新臺幣 妻子年收入 54 萬新臺幣
年開支	家庭生活日常開支一年大概 42 萬元； 妻子健身消費一年安排 2.4 萬元左右 每年為岳父、岳母提供 1.2 萬元生活費。 夫妻倆各購買 10 年期重大疾病保險，年繳錢 82,100 元。 阿勇每年購買意外保險，年支出 1400 元。 為孩子購買儲蓄險，繳錢期 6 年，每年繳錢 24 萬元。
緊急備用金	每年投入 20 萬元，將備用金中的 25 萬元短期定存。

投資	每年新增 25 萬元，進行金銀紀念幣投資；
	每年新增 25 萬元，進行股票投資；
	每年新增 10 萬元，進行美元投資；

看過以上案例，我們可以根據阿勇先生家庭的資產和收入狀況以及家庭所處的階段，將阿勇先生的家庭理財組合應劃分為三個單元。

第一部分：日常消費

由於阿勇先生所處的社會地位及經濟收入狀況，日常生活的費用標準應比一般城市家庭略高，也算合理的支出。

第二部分：教育投資

當今世界已進入知識經濟時代，對子女教育的投資可謂「種瓜得瓜，種豆得豆」。在中年家庭投資中，子女教育投資是最為緊迫、最為現實、最不可或缺的投資。阿勇為孩子購買儲蓄險，可以保證兒子的教育基金充沛。等期滿時可領約 150 萬元，這筆款項用於支付兒子的大學各項費用。剩餘的可做為兒子的創業資金。

第三部分：緊急備用金

與家庭現實狀況相適應的家庭緊急備用金是每個家庭都不

可以缺少的。但是，這筆錢留多了會影響資金的運用效益，留少了又達不到避險的目的，甚至有可能把家庭經濟搞得一團糟。阿勇夫婦各有父母，年齡尚不太老，身體狀況也硬朗。但隨著雙方父母年齡的增加，不可預料的事將隨時有可能發生，特別是疾病的發生。因此，阿勇先生每年都安排家庭緊急備用金是正確的。每年緊急備用金剩餘的錢，可做為家庭計劃外支出不足的彌補。當備用金中剩餘資金超出一定範圍時，可轉入風險投資。

第四部分：保險和意外保障

夫妻雙方購買的重大疾病保險，能夠保證在疾病發生時得到保證，這是很必要的，特別是對年近中年的人來說。另外，阿勇先生因工作性質經常搭乘飛機、火車、輪船、汽車等交通工具，所以一份意外保險格外重要。

第五部分：外匯與黃金投資

由於阿勇先生已步入中年，投資應趨於中、低風險的品種，因此在證券投資方面應在基金方面多投入一些，股票投資要少一些。

> **理財小提示：高收入家庭的多元化投資**
>
> 如果你的家庭收入相對穩定，而且屬於高收入的階層，那麼可以用多元化投資來提高資產的報酬。比如可以拿出 30% 至 40% 的資金，可以將其中的四分之一做二年期定存，四分之一買債券，四分之一買信託產品，四分之一購買企業短期融資券或者銀行推出的理財產品。

頂客小康家庭如何理財

甜蜜的小倆口生活是每對夫妻幸福的回憶，因為簡單、自由、瀟灑。然而，生兒育女幾乎是每對夫妻要步入的階段，新生命的誕生給家庭帶來了很多歡笑，卻也因此帶來了巨大的壓力。不過，預備生育兒女的爸爸媽媽們要好好努力了，整理一下自家的帳本，弄清自己的發展方向，看看為了即將誕生的生命，你要有什麼樣的理財準備。

趙先生，34 歲，工程師，月收入 8 萬新臺幣，另外還有一些出差補貼費用，年終獎約 15 萬，一年下來收入可達 120 萬；趙太太月收入 3 萬元，另加過節費補貼等，年收入達 38 萬，家庭年收入 158 萬。夫妻二人的工作單位都有三節獎金。結婚三年尚未有子女，打算一年內生育子女。

他們現居住在分期貸款買的房子裡，月繳 12,500 元，還要繳 15 年。這套房子現在價值應該在 1500 萬元左右。另外他們

還有一部「標緻」的車，價值 75 萬，不用月繳，但是各種保險費、養車護理費等等加在一起每月需支出在 1 萬元左右。夫妻二人每個月基本上要花費額外的交際費用、購物、餐飲 25,000 元左右。另外，趙先生一家愛好旅遊，每年全家要一起出去旅遊一次，有時候也帶上父母，平均費用 5 萬元。

弄清了自己的財務狀況後，趙先生自己也設定了一個理財目標：一、準備孩子 20 年後接受高等教育的費用，做好供其到研究生畢業的經費準備。二、做好醫療等保險計劃，在其個人或家庭遭遇不幸、意外時能夠可以提供財務上的保障。三、希望在退休後能夠維持較高的生活水準，保障他們夫婦倆人的高品質退休生活。

從上面這個案例可以看出，趙先生一家準備要孩子。現代社會，常常孩子還沒有來，壓力就跟著來了，一邊還要償還房子貸款，另一邊還要準備生育基金、教育基金等，這些都需要考驗家庭的理財能力。因此，從多方面綜合考慮，理財專家給出以下建議：

第一，提前償還住房貸款

按目前趙先生的收入，可以考慮逐步提前償還住房貸款。最好的存款方式之一就是還貸款，這樣能夠逐步縮短貸款所需的期限和利息的支出，所以，提前還貸是趙先生減少家庭支

出、改善資產結構的有效措施。

第二，建立子女教育基金

趙先生的家庭屬於中上收入家庭，尚未出生的孩子教育費用支出時間距離目前有 20 年之長，但是屆時教育費用是固定支出，沒有彈性。根據以往的經驗，建議從現在開始每月定期定額投資股票型基金，投資 20 年，假設年均報酬率 8%，則每月需要投資定期定額基金為這 20 年中每月堅持定期投入 12,650 元股票基金，就目前情況，不會給該家庭帶來太重的經濟負擔。20 年後，定期定額所帶來的「複利效應」完全可以輕鬆幫助該家庭完成子女出國留學目標。

第三，建立家庭緊急預備金

考慮到趙先生夫妻雙方工作相對穩定，而準備在一年內要孩子，因此要多留出家庭緊急預備金。預備金的一部分可以存於銀行活期存款保持其資金的良好流動性，其餘可以購買貨幣市場基金或是流動性較強的貨幣理財產品，在保持流動性、安全性的前提下，兼顧資產收益性。

第四，做好保險保障規劃

目前趙先生一家除了大家都有的勞健保之後，沒有購買任

何其他商業保險，一旦發生重大的風險，大量的現金壓力會使
之前所有的資金安排都打亂。保險需求迫在眉睫。

第五，積極進行多元化投資組合

由於趙先生一家是屬於收入比較穩定的高收入家庭，再加
上原有的存款，因此，專家建議趙先生進行多元化的投資組合：

一、將 25% 的收入存成儲蓄，不但是家庭穩健理財的需
要，也是趙先生家庭後備資金的需要。

二、用後續收入的 15% 購買適量的債券，買剩餘期限還有
五六年的就可以了。在未來五六年內每年獲得 5% 至 6.5% 的年
報酬率，而且這個報酬率是相當可靠和穩定的，根本不需要花
什麼精力。

三、30% 的後續收入用於購買開放式基金。開放式基金
是一種中長期的投資，買賣的價格是基金淨值加上相應的手
續費，基本不受市場的影響。趙先生可以採取定期定額購買基
金，既可以做為一種儲蓄性質的基金投資方式，又可以做為今
後助學養老基金的來源。

理財小提示：留足充足的家庭預備金

有了孩子之後往往會使家庭在一段時間內失去一部分收入來
源，因為孩子的母親往往不能馬上上班。除此之外，孩子還

需要照顧，母子都需要一定的營養補給等開銷。因此，建議在家庭經濟允許的範圍內，留足家庭應急預備金，最少是月支出的 6 倍，資金寬裕的可以留出 12 倍。

三口之家年收入 80 萬元理財規劃

尹先生在一家外商公司上班，妻子張老師則是一家幼稚園的老師，薪水一直是尹先生家庭收入的主要來源，夫妻倆年收入大概在 80 萬左右，還有一個上小學三年級的女兒。夫妻倆目前沒有房貸負擔，銀行存款有 75 萬左右。夫妻二人的單位為其各自購買社會保險。

雖然尹先生家裡的存款有 75 萬，但是尹先生對家庭的理財狀況並不太滿意。隨著自己年齡的增加和兒子的長大，隨之而來教育投資將越來越多。公司正在裁員，稍有可能自己就會面臨失業。因此，尹先生想藉由理財方式讓自己一家過上穩定的生活。

針對尹先生的家庭財務狀況，理財專家發現尹先生一家的風險承受能力相對較弱，而且幾乎沒有理財產品，也沒有購買任何商業保險，這對於一個年收入 80 萬元，生活在大都市來說，隱含了很多不安定的因素。因此，理財專家給尹先生一家提出了一套穩健的理財方案。

第一，對於風險承受能力相對較弱的家庭來說，需要有穩

定儲蓄來預防可能出現的財務風險，保證整個家庭經濟狀況的穩定性。這些錢的作用不是增加收入，而是保本。因此，建議尹先生把 40% 的可投資金額放在銀行存款或債券上。除此之外，還可以關注一下其他低風險理財產品，如貨幣市場基金，投資這些理財產品風險不大，本金較安全，實際報酬率和預期報酬率相差不幾。

第二，將 30% 的可投資金額投資於風險相對小、報酬較穩健的理財產品，如開放式基金、銀行理財產品等，這類理財產品的年報酬率都在 5% 至 10% 左右。不過，在投資前要多了解這方面的資訊，分析投資物件歷年的走勢及分紅狀況，選出好的股票和基金，同時，還可以運用適當的投資組合來分散風險。

第三，由於尹先生一家沒有購買適合的保險，因此建議夫妻首先考慮買的是醫療健康險，他們在面對高昂醫療費用時社會保險不能完全應對，另外還可以買疾病險或者意外險。總體來說，尹先生可以將可投資資金的 10% 用於購買保險。

第四，將可投資資金的 20% 投入一些高風險、高收益的理財產品，如成長型股票、股票型基金等。投資這些高風險高收益的理財產品，必須有相當高的知識與經驗門檻。對於不擅長投資的人，最好先以成長計劃為主，在得到一些投資心得後再去追求更高的報酬率。這些投資產品計劃讓投資者有機會一個月賺 20%，也有可能一個月賠掉 20%，因此要做好心理準備。

理財小提示： 理財的三個步驟

理財是一件非常個性化的事情，與每個人和每個家庭都密切相關。每個人都應該有屬於自己的理財規劃，理財規劃並不神祕，一般來說，理財可以分成以下三個步驟：

一、設定理財目標，回顧資產狀況。購車、買房、償付債務等等，都可以成為理財目標。

二、了解自己所處人生何種理財階段。人生大致可以分為五大階段：單身期、家庭形成期、子女教育期、家庭成熟期和退休期。

三、考慮自己的風險承受能力。完成以上三步後，就可依據自己的家庭狀況，選擇適合的理財產品。

總之，沒有最好的理財方案和理財產品，只有適合自己的理財方案和理財產品。

孩子處在不同階段的理財計劃

對於一個家庭來說，儲備子女的教育經費是理財的重要目的之一。教育費用的支出一種高報酬的投資，即在子女成長初期，把財富用在其成長上，使之能夠獲得良好的教育，當子女成年以後，可獲得遠大於當年家長投入的財富。從這個角度來看，教育投資是個人財務規劃中最具有回報價值的一種，它幾乎沒有任何負面的效應。

然而，把一個孩子培養成才到底需要多少錢呢？不同階段

孩子的費用在家庭總支出的比重在 39% 左右，其中 1/4 家庭的子女經濟成本占夫妻總收入的 50% 以上。

理財專家指出，如果從小學開始算起，培養一個大學生最少需要 68 至 70 萬，按照現在大學生平均月薪和成長速度來計算，快的話，十年內就可以收回投資，所以哪怕是單獨從個人收入的角度來看，教育投資也還是划算的，但鑑於目前教育投資的風險在不斷增加，而其邊際效用卻不斷在減少，因此，孩子能否成為有價值的「耐用生產品」，關鍵還是在於做好子女教育投資的規劃。

首先，不同背景的家庭以及在孩子成長的不同階段應做出不同的理財投資規劃。通常教育投資的不同需求可分為以下幾個階段：

第一階段：孩子出生至 12 歲：這個階段通常對收益的需求較高，常投資於一些高風險的投資產品，注重財富的成長，可投資於成長型的股票及基金，並隨著收入增加而調整投資金額。

第二階段：12 歲至 16 歲：這個階段的投資仍以成長為目標，但通常加入債券來平衡整體投資風險。

第三階段：16 歲至 18 歲：這個階段的組合選擇通常轉至低風險，可供選擇的工具包括短期債券、貨幣基金或存款等，父母在這階段應能準確計算每年可以動用的教育基金。

其次，父母應該根據各自的家庭情況，為處於不同階段的孩子要採取不同的理財方法儲備教育金。

一般來說，儲備子女教育金主要可選擇基金投資，或者購買其他教育理財產品來實現。這幾種方式都有各自的優勢，也各有劣勢，需要不同類型的家庭根據自身特點合理選擇。

一、投資基金

投資基金可分為兩類，一種是一次性形式投資，投資者需要準確地掌握市場走勢，判斷最佳的「入市」時機；另一種是以定期定投形式投資，這種方法依賴既定的投資策略及機制，適合一般投資者做教育基金和退休計劃之用。目前大多數的教育經費計劃皆採用定時定額的方式來投資，主要目的是使報酬優於通膨，利用分散投資減低風險，並且要根據每階段的需要調整組合的投資風險。總體來說，用投資基金做為教育儲備金適合具備較高財商、中等收入或以上的家庭。

二、其他投資理財產品

還有不少投資理財產品可供家長選擇，比如有銀行針對家庭教育投資理財需求，推出了頗具特色的主題理財產品。此外，對於有孩子準備上大學而經濟又比較困難的家庭來說，還可考慮助學貸款。

理財小提示：可否用投資股市的手段儲備教育金

理財專家認為，股市投資有較大的風險，不宜做為教育金的主要出處，但可以做為「錦上添花」的額外資金補充。首先利用教育儲蓄、教育保險或基金定投等方式滿足子女教育的基本需求，再藉由股票收益來幫助孩子提升教學品質問題，這是比較可行的方法。如果要一定選擇股票投資來儲備教育金，應精心挑選具備長期成長潛力的股票，堅持長期投資的理念。

規劃養老宜早不宜遲

也許你現在是一個收入很高的辦公室金領，過著朝九晚五、衣食無憂的瀟灑生活，但你有沒有想過，當一生中最黃金歲月逝去後，步入夕陽般的老年時，是否還保持原來的生活水準？

當你走進證券公司，經常能看到很多上了年紀的退休老人在一起談論昨天股票的漲跌情況。為了自己的晚年能過上比較有保障的生活，老人們都選擇了投資股票，但股市風險變幻莫測，原本想「錢生錢」，最後卻落得「血本無歸」。如果僅靠有限的養老金是無法保證退休後有較高的生活水準。因此，退休規劃的宜早不宜遲，如果能在 30 歲之前開始最好。

一起來看看這個案例。

　　年近 40 歲的沈主任最近很煩惱，不久前看到剛退休的老同事的生活狀況大不如前，能省則省，沈主任不禁開始為自己和太太退休後的生活苦惱起來。按照兩人現有的收支情況，夫妻二人每月薪水收入總計有 80,000 元，還貸 10,000 元，生活基本開支 35,000 元，還要給正在讀國中的兒子教育經費 6,000 元，其他方面的支出 5,000 元，這樣算下來每月的收入都快「瓜分」完了。雖說沈主任還有 35 萬的定期存款，但更為嚴重的是還有 100 萬的住房貸款。另外，夫妻二人均有社會保險。退休後的生活對他們來說也許是退而不休。這該怎麼辦呢？

　　從這個案例中可以看出，沈主任的財務狀況並不樂觀。按照 60 歲退休的話，等他退休的時候剛好才還完住房貸款，但是在這 20 年間，沈主任還要肩負孩子的教育經費：高中費用、大學費用等，另外還要留足自己的退休金等一系列問題，難怪沈主任為此感到頭疼。下面，理財專家根據沈主任的家庭情況做了一份詳細理財計劃。

　　沈主任首先要做的是為夫妻二人建立一個退休後的養老基金。雖然夫妻二人都有勞保，但這很明顯不夠應付退休後的各種狀況。根據社會平均預期壽命的情況，沈主任家庭需要能支援 30 年退休生活的養老金。現階段每月的生活支出在 35,000 元，預計退休後的生活支出會有所減少，但其他方面的支出比如健康、疾病等方面增加，因此，當沈主任夫婦退休前，需要

準備 30 萬的退休養老基金。

　　籌備退休養老金的方式建議選擇定期定額投入，風險小，收益又高。從現有 35 萬元定期存款中追加一次性投入 15 萬元做為養老規劃的資金，其次以每月定額投入 5,000 元來充實養老基金。在執行工具上一次性投入可以選擇使用混合型股債平衡基金，而定期定額投入選擇基金定投或者商業型養老保險。

　　對於退休後的養老金的使用，我們也建議採用定期定額的方式來支出使用，比如儲蓄國債這種年付息的債券，選擇每年年中支取利息，每年年末部提本金的方式，才能退休後有規律有計劃的使用養老金。

　　在確立養老計劃後，沈主任還不能大嘆一口氣，因為還有 100 萬房貸款未還清，為孩子即將需要的教育費用也要做好準備，還有即將產生的每月的定期養老投入，因此建議沈主任一家應該盡量壓縮自己的不必要支出，在支出上以理財支出為主。

　　每個人都會衰老，但沒有人希望因為衰老而降低生活水準；每個人都希望能夠長壽，但是沒有人願意因活得太久而導致自己有財務風險，退休規劃是貫穿一生的理財計劃。為了讓老年生活安逸富足，應該讓籌備養老金的過程有計劃地提早進行，例如：你每個月都多存 500 元，如果你 24 歲時就開始投資，並且可以拿到 10% 的利潤，34 歲時，你就有了 2 萬元。當你 65 歲時，那些小小的投資就變成了 61.6 萬元了。所以，養老規劃

越早做，越划算。

理財小提示：要準備多少錢才夠養老

要準備多少錢才夠養老，每個人都有不同的答案。國際上通常用的計算方法是：以目前年齡、估計退休年齡、退休後再生活年數、每年物價上漲率、現在每個月基本消費和年利率等要素要估算。

比如王先生今年 35 歲，估計退休年齡是 60 歲，估計退休後再生活年數是 25 年，現在距離退休還有 25 年。假設他現在每月基本消費 5,000 元，每年物價上漲率是 5%，年利率是 3%。退休後他每月的基本消費保持相當於現在 5,000 元的消費水準，那麼他就需要 10 萬元左右的資金。

第6章　跳脫迷思，清醒理財

　　近年來，各種金融機構推出的理財產品，令大家眼花繚亂。人們紛紛將目光從最「原始」的儲蓄理財轉向更多形形色色的投資理財。然而，當一部分抓住了生財機遇的人錢包鼓鼓時，很多人卻走進了投資理財的地雷。理財投資雖說是一個技術性行為，同時也是考驗投資者的心理過程。只有投資者端正自己的態度，認定目標，不為左右而動搖，不盲目地跟從熱門，建立長期投資的觀念，培養適合自己的「財商」，尋找適合自己的投資產品和投資方法，以滿足不同階段的理財目標，提升生活品質，才達到了真正的投資境界。

理財心理迷思，你有過嗎

理財界最常說的一句話就是：「你不理財，財不理你」。投資理財就是一種主動的意識和行為，不等於簡單的存錢、存錢，也不等於炒股。理財是根據需求和目的將所有的財產和負債，其中包括有形的、無形的、流動的、非流動的、過去的、現在的、未來的、遺產、遺囑及智慧財產權等在內的所有資產和負債進行積極主動的策劃、安排使其達到保值、增值。

只是，我們在實際操作過程中往往會出現形形色色的心理地雷，導致操作失誤，帳戶資金嚴重虧損。所以，認識並克服這些理財心理地雷至關重要。

第一種心理：膽小怕事，盲目無知

這類人往往只對自己熟悉的行業給予肯定的目光，而對於理財投資知之甚少，常常盲目否定。比如，2000 年以來一路飆升的房地產市場；2003 年以來黃金、銅、石油等一路飛漲的商品市場；2005 年以來持續看漲的股票市場、基金市場，眼看著別人賺得翻倍，他卻一一錯過，然後望洋興嘆！這類人將為錢努力一生，辛辛苦苦存的一點積蓄，不斷被通貨膨脹所吞噬，最終仍然一無所有。

第二種心理：舉棋不定，錯過良機

具有這種心理的投資理財人，在買賣前，原本制定了計劃，考慮好了投資策略，但當受到他人的「羊群心理」的影響，步入市場時，往往不能形成很好的投資組合，一有風吹草動，就不能實施自己的投資方案。還有一種情況是，事前根本就不打算炒股，當看到許多人紛紛入市時，不免心裡發癢，經不住這種氣氛的誘惑，從而作出了不大理智的投資決策。由此看來，舉棋不定的心理主要是在關鍵時刻，不能作出判斷，錯過良機。

第三種心理：狂妄自大，自取滅亡

這類人智商不低，而且很有錢，但往往很不謙虛，自己不認真學習投資知識，很少請教也很少相信專業人士，直至一敗塗地，可能還是半夢半醒。

第四種心理：自欺欺人，自相矛盾

俗話說：「買的從來都沒有賣的精」。然而有些人卻寧做買方，拒絕做賣方。比如，如果房價真的上漲，做為開發商無疑會比購房者賺得更多；如果房價下跌，買房顯然虧損，而開發商還有可能存在微利。儘管如此，有些人看好房價會漲，仍然堅定地買房子，卻拒絕買進同等價值的地產股票。

第五種心理：把金融市場當賭場

具有賭博心理的投資者，總是希望一朝發跡。他們恨不得抓住一種或幾種理財產品，好讓自己一本萬利，他們一旦在投資中獲利，多半會被勝利衝昏頭腦，頻頻加注，恨不得把自己的身家性命都押到市場上去，直到輸個精光為止。當行情不好時，他們常常不惜背水一戰，把資金全部投在某種理財產品上，比如股票，這類人多半落得個傾家蕩產的下場。市場不是賭場，不要賭氣，不要昏頭，要分析風險，建立投資計劃，尤其是有賭氣行為的人買賣某種貨幣一定要首先建立投資資金比例。

第六種心理：不分週期，盲目操作

有些人頑固追求長線投資，有些人頑固追求短線投資，多數情況下都是錯誤的。多數行業是週期性的，週期到了，盲目堅持，損失的只能是自己，比如答錄機、BB Call，週期一過必須轉產，你生產的 BB Call 品質再好也沒人要。

第七種心理：生性多疑，貪得無厭

有的人聽說什麼賺錢，先懷疑，再觀望，左思量，右考察，等別人賺錢成功了，自己才開始試驗，成功了，再投入，而到那時，往往賺錢機會消失，風險真正來臨。當別人賺錢

後，他投入一點點嘗試介入；別人賺大錢後，他加碼；投資機會即將結束，專業人員撤資時他全線跟進，最終悉數套牢。

第八種心理：不問風險，簡單分倉

這類人往往懂一點理財知識，但只有一知半解，簡單的將資金劃塊，或債券、股票、地產組合；或股票、期貨、外匯、黃金。在不懂風險的情況下，哪種投資都可能虧損。

第九種心理：自以為是，唯利是圖

患有這種心理的人經常尋找各種投資機會，但有搞不清風險與利潤關係，常常樂此不疲參與，一旦出事則欲哭無淚。

以上九種投資心理是比較典型。回過頭來，看看自己有沒有踩到類似的地雷，要知道

真正的投資是因時制宜、實事求是，該投資則投資，該放棄則放棄，賺了不要太高興，賠了也不要太傷心，因為理財是一生的計劃。

理財小提示：把握理財時機很重要

理財和其他人生理想一樣，也需要把握一定的時機，否則也會有錯失時機的失敗和痛苦。很多著名的成功人士，從小就能主動學習理財方面的知識，並能把握理財的時機。

沙特企業家薩利赫·卡米勒（Saleh Kamel）以大約 40 億美元的資產位居阿拉伯世界財富榜的第四位。在他還是孩童的時候，他就會用羊骨頭做一種被成為「卡布斯」的民間小玩具，賣給他的同伴。進入高中階段後，他開始製做上課筆記賣錢，甚至還進行過進口生意的探索。就這樣，薩利赫·卡米勒的獨特眼光總能幫助他把握住時機，創造財富。

跳出保險理財七大地雷

在紛擾社會中，風險無處不在，雖然個人沒有能力預知或阻止風險的發生，但聰明的理財者總會為自己找到適合的理財方法，即選擇購買保險去轉移、分散風險，使自己在發生損失時得到最大程度的補償。然而，購買保險看似是給付錢，給予保障的簡單過程，其實這並不簡單。很多人都陷入了「重投資，輕保障」的理財地雷，主要表現在以下七個方面。

地雷一，只要存了錢，沒必要再買保險

很多人喜歡把錢存在銀行，認為這是最保險的辦法，而沒有必要再買保險。保險和儲蓄雖都是防範風險的辦法，但它們之間的區別還是很大：儲蓄可隨時存取，靈活性很大，但萬一遇到重大事情，錢還沒存夠，難免陷入困境；如果你購買了保險，遇到重大事情急需用錢時，卻能把風險轉移給保險公司，利用獲得的保險金有助於度過難關。

地雷二，只給孩子買保險，忽視給自己上保險

一般來說，買保險最好遵循「先大人後孩子」的原則，先把「家庭支柱」保障好，因為大人也是孩子的「保險」，只要大人健康的工作和生活著，孩子的生活通常不會差到哪裡。如果做為家庭的主要經濟來源的大人發生了意外，孩子即使有保險，其生活品質和學習環境以及身心的健康發展也不見得會好。

地雷三，投保險種越多越好

有的人為了讓自己的提高安全程度，一下子投了很多險種，其實這種做法並不可取。選擇一定數量的保險險種投保，自然會有良好的收益，但是，不考慮自己的承受能力，無論什麼險種都想買，也是不合實際的。尤其是購買一些長期投資的險種，需要十年、幾十年的繳錢，一旦過度就會產生經濟問題，到那時退保，肯定會蒙受經濟損失。如果把買保險的錢投到其他途徑上，說不定還能大賺一筆。

地雷四，自己年輕不用買保險

不少小康階層認為自己身強體壯、抵抗力強，患大病的機率是非常小的。然而，年輕不等於不得病，現代社會在充滿機遇的同時，也給人帶來了巨大的挑戰和壓力。有資料顯示，約有 70% 的人呈瀕臨疾病狀態，從事研究工作的腦力勞動者是最

易進入瀕臨疾病狀態的人群之一。在保險費上，越年輕買繳費用越低，而且可以提早得到保障。另外，買保險還是一種「強制儲蓄」，可以幫助你養成良好的儲蓄習慣。

地雷五，有了勞健保就不用再買保險

勞健保是由政府主辦的基本生活保障，覆蓋較廣，但社會保險注重平等，保障程度比較低，而商業保險的保障程度高，範圍廣。社會醫療保險的自費部分需要商業醫療保險進行必要的補充，如果購買住院補貼類醫療保險，可用一定金額的住院補貼來彌補健保費用的不足部分。一般重大疾病的治療費用少則幾萬，多則達幾十、幾百萬，而健保有最高支付限額，在藥品的應用等方面也有相關限制。目前，不少保險公司推出的重大疾病保險都是確診即給付保險金，讓被保險人在不幸患上重大疾病的同時，可以得到一筆可觀的醫療費用做為救命資金。因此，有了社會保險也還需要商業保險作補充。

地雷六，出了事故沒有及時通知

張先生家中意外被盜，過了半個月後無意上發現一張保單，他才想起自己參加了家庭財產保險，於是趕快到保險公司提出索賠，然而保險公司拒絕索賠。原來投保人、被保險人或者受益人知道保險事故發生後，應當及時通知保險人，以及該

份家庭財產保險條款中規定，「被保險人發生保險事故後，應當在 24 小時內及時通知保險人，否則有權可以拒賠」，向投保人發出了拒賠通知。

> ### 理財小提示：購買保險應量入為出
>
> 一個理智的消費者，應根據自身的年齡、職業、收入等實際情況，適當購買人身保險，既要使經濟能長時期負擔，又能得到應有的保障。因此，購買保險前，應計算清楚現有的收入水準及將來可能的收入能力，以保證在今後有足夠的支付能力，以防投保金額過大、繳錢過高而影響家庭正常生活開銷。此時如果退保勢必要造成損失，保費一般是不超過年收入的 10% 較為適合。

走出「只賺不賠」理財迷思

郭小姐看身邊朋友都靠基金賺了錢，狠心將鉅額定期存款拿出來投資基金，每天晚上下班第一件事情就是打開電腦，看看今天漲了多少。「養基」半年後，郭小姐已經收益了 20%。由於她選擇的是分紅再投資，就沒有贖回，而且期待著能用「利滾利」的方法讓自己收益更多，最高的時候，郭小姐的報酬率達到了 50%。可是好景不長，沒過幾個月，郭小姐的基金收益降了 30%，但她並不死心，認為指數下跌只是暫時情況，好景是不可逆轉的。然而到後面幾個月，郭小姐所投資的基金不僅沒

有賺錢，而且還虧了 20%。對此，郭小姐很無奈地說：「不是說基金穩賺不賠的嗎？怎麼最後還是賠了呢！」

其實，案例中的郭小姐陷入了一個理財地雷。要知道，這世界上沒有只能賺錢不能賠錢的買賣，任何投資都有風險，只有建立正確的理財理念，提高正確運用避險工具和風險投資工具的能力，才能真正有助於理財。

談到理財，有人肯定會想當然：理財很簡單，就是經由追求高收益來使財富快速成長。理財不就是將 10 萬變成 50 萬，最後 50 萬還能變成 100 萬嗎！於是，在這類理財「歪」念的「指導」下，一些人便在股市、基金市，抑或匯市神話的誘惑下，做起了一夜暴富的美夢。此間，把理財當發財者有之，把投機當投資者有之，把基金當儲蓄者更是大為有之。

類似於郭小姐的人還有很多。有人初涉市場便撞「頭彩」，不但輸了不少，還可能背上一屁股債。也有些剛「下海」時曾撈著甜頭，但一個沒注意便被「海水」嗆到差點溺水的人，投資資本大幅縮水。於是，市場跌了，這些人就開罵了，甚至指責對市場走勢存有不同看法的人。

其實，這些投資者之所以失敗，顯然還是理財理念不正確物，他們沒有意識到，投資工具是一柄雙刃劍，沒有最好，也沒有更好。做為投資者，若想投資有本有息，那麼伴隨這種投資的就將是較低的收益；而若想投資獲得較高報酬，那就將同

時承擔較高的風險。

相反，若不以賺賠為標準，而以漲跌的「節拍」去操作，則能使上漲時有賺頭，下跌時能避險，最終使資金順利增值。

天下沒有白吃的午餐，同樣，天下也沒有無風險的高收益，要想獲得高額收益，風險是不可避免的，只是風險的大小不同。一般情況下，高收益一般也有著較高的風險，兩者呈正比關係。如何判斷個人理財產品的價值，並在眾多產品中挑選出最適合自己的，還需要你自己仔細權衡。市場就是市場，它有自己的遊戲規則和運行方式，並非如投資者一相情願般總是日不落。

理財小提示：索羅斯的投資策略中最重要的原則

認賠出場求生存是索羅斯的投資策略中最重要的原則。眼明手快，見壞就閃是索羅斯求生存最重要的方式。

索羅斯認為，人類對事情的認知是不完整的、有缺陷的，所以人類的思想天生就很容易出錯。而他自己之所以能夠很快覺察過錯，勢必擁有較為敏銳的心志以及高人一等的勇氣。

走出傳統理財迷思 —— 節儉難以生財

長期以來，東方的儲蓄一直居高不下，在西方人看來不可思議，但在華人看來就很簡單，原因是目前生活成本的壓力巨

大。教育、醫療、房地產等這些與生活息息相關、密不可分的領域長期以來收取的費用居高不下，並且逐年成長。

據一份有關調查顯示，50 至 55 歲的民眾中，有 58.6% 的人同意「節儉生財，這是理財的關鍵」，且隨著年齡的增加，持有此觀點的人越多。這說明民眾的理財觀念正在不斷更新。年紀越大的人，越同意節儉生財這一觀點；收入越高的民眾同意這個觀點的越多。越來越多的人認為，想要理財，必須先節儉。

俗話說「由儉入奢易，由奢入儉難」，在生活不斷提高的今天，越來越多的人生活水準發生了巨大變化，大家外出吃飯的次數增加了，換了更好的車子，甚至還會買更大的房子……

人的欲望總是無止境的，而在理財的道理上卻需要那麼一點點節儉的意識。節儉是指對勞動成果和物質財富的珍惜和愛護。大仲馬說：「節約是窮人的財富，有錢人的智慧。」，節約本身就是一個大財源。可見，節儉對理財來說是多麼重要。生活中，當我們少花 50 元的時候，其實就等於賺了 50 元。

然而，在削減開支和努力提高現有生活水準之間，多數人會選擇後者。他們永遠都想要更好的車子、更大的房子和更高的薪水，而一旦得償所願，他們就很快變得不滿足。學術界將之稱為「享樂適應」或是「快樂水車」。當升遷或是新房新車帶給我們的興奮逐漸消退時，又會去開始追求別的東西，如此周而復始，如果這種現象不加以限制，往往會帶給我們巨大的經

濟問題。

也許你會說，節儉不就是吝嗇，而真正的大富翁花錢都很爽快，花錢如流水。如果你這麼想，就大錯特錯了。越有錢的人就越吝嗇，因為他們深知自己賺的每一分錢都來之不易，因此就很珍惜。不信，你就看看巴菲特，看看李嘉誠，看看比爾蓋茲等富豪的生活。

瑞典宜家公司的創始人英格瓦‧坎普拉（Ingvar Kamprad），他是一個大富豪，同時他也是一個非常節儉的人。

法國路透社的報導是這樣描述他：「他開著一輛已經有 15 個年頭的舊車；出門乘飛機向來只坐便宜的經濟艙；生活需要一般都買廉價商品，家中大部分家具也都是便宜好用的宜家家居；他還要求公司的員工用紙的正反兩面都要寫字，不可以浪費」。

類似節儉的富豪們還很多，他們都有一個共同的特點──崇尚節儉的人生理念，通常，他們把節儉做為一種自律。他們的收入可觀，可是在消費上卻要精打細算，該花錢時候一定要花錢，該節儉時必須節儉，日子照樣過得津津有味。

當然，我們所說的節儉不是過去那種節約一度電、節省一分錢的概念，而是對過度奢侈和煩瑣的丟棄，崇尚的是簡單的生活。不是以不消費或是減少消費為節儉標誌，而是在正確的理財理念下用盡量少的錢獲取盡量多的享受，滿足盡量多

的要求。

　　因此，節儉是一種理財方式。節儉不是自虐，不是對自己、對別人的一毛不拔，而是用最合理的安排獲取最高的收益。節儉是一種理財的哲學，是一種生活的樂趣，是聰明人的行為藝術。

理財小提示：真富翁會低支出的祕訣

有人說，高收入的不一定是富翁，而真正的富翁卻往往懂得低支出。事實上，不懂得低支出理財理念的人遲早會被甩出有錢人的國界，而懂得低支出之後卻往往還能東山再起。

美國有一項專門針對身價超過百萬美元的富翁的調查，結果發現高收入的人不必然會成為富翁，而真正的富翁卻是那麼懂得低支出的人。這些富翁們很少換房子、買車和亂花錢，很少亂買股票。大多數人時常請人給鞋換底或修鞋，而不是扔掉舊的。近一半的人時常請人修理家具，給沙發換墊子或者給家具上光，而不是買新的。近一半的人會到倉儲式的市場上去購買散裝的家庭用品……

理財別陷入省錢迷思

　　世界首富比爾蓋茲以他獨特的財富觀，贏得了世人的尊重。對於花錢，他曾經有過這樣一個比喻：「花錢如炒菜一樣，要恰到好處。鹽少了，菜就會淡而無味，鹽多了，苦鹹難咽。」

把這句話用在省錢上面，也是同樣的道理。

省錢是一種生活的態度，是一種生活的智慧。省錢是理財的開始，同時也伴隨著理財的整個過程。然而，不少人很容易陷入地雷，或大手大腳，或因小失大，或貪得小便宜，或極其吝嗇，或甚為奢侈……這些地雷，多多少少地阻礙著你通往財富的道路，讓你得不償失。關於省錢的理財地雷，主要表現在以下幾個方面。

第一個地雷：買櫝還珠，取小失大

現在的商家越來越精明，彷彿能看透消費者的內心，抓住「便宜」、「省錢」等字眼，推出了名目繁多的促銷活動，尤其是那些提高原價，實行買幾百送幾百的促銷手段，看上去購買產品的平均成本下降了，可是總支出卻在這樣的活動中增加了不少，買回了一堆看上去便宜的商品，卻忘記了「省錢」的根本目的。

前不久，徐小姐一不小心就陷入了這樣的地雷。徐小姐辦了一張信用卡，聽說該卡還能刷卡積分換禮品，徐小姐很喜歡。按照信用卡所規定的活動辦法，只要這個月的消費比上個月高出 10,000 元，就可以獲贈一套名牌美白化妝品。而恰巧這套化妝品是自己所需要的，現在一個月只需要比上個月增加10,000 元的消費，就可以免費把這套化妝品搬回家。

然而，衝動的徐小姐並沒有靜下心來細算一筆帳：一套名牌化妝品價格也就在 2,500 元左右，可是為了這套化妝品要多花 10,000 元，這到底是賺了還是虧了呢？

所以，每次購物前，大家都要在心裡盤算盤算，把錢花在刀刃上，不要買櫝還珠，取小失大。

第二個地雷：奢侈王和吝嗇鬼

生活中，有些人對於「省錢」有著天生的排斥，覺得省錢是一件「放不上檯面」的事情。事實上，省錢並不是吝嗇和小器，而是藉由各種資源的巧妙運用，減少支出與成本，對個人來說可以加速財富的累積；對於社會來說，則是減少了對資源的浪費，

但是，奢侈王對此有自己一番理論，他們最常說的一句話是：「錢是賺出來的，不是省出來的。」每個人都知道，要理財，先要有「財」可理。很多人都以為，「財」來自於勤懇工作換來的加薪，「財」來自於資本市場上的狠賺一筆，有的人甚至認為，「財」來自於幸運彩券的一夜暴富。然而，他們並不知道，如果消費的速度大於收入的速度，就如同英國作家帕金森（Cyril Northcote Parkinson）提出過的「帕金森定律（Parkinson's Law）」所描述的那樣：「賺越多、花越多，最後財富還是無法增加，更談不上理財了」。因此，收入提高固然是

重要的，但是也只有開源與節流齊頭並進時，才可能贏得財富的快速成長。

與奢侈王相反的，就是吝嗇鬼對待自己的每一分財富，不捨得吃、不捨得穿、不捨得玩，唯有把銀行的存摺本當作「世界上最好看的書」。對於這樣的省錢，同樣也是不值得提倡的。理財的根本要義是平衡現在與未來的財富，保障我們一生的幸福生活。聰明的省錢，是一種平衡的智慧，既要把錢花在刀刃頭上，又不要省得太痛苦。

第三個地雷：省小錢花大錢

理財界有一類人很奇怪，對花「小錢」顯得異常地謹慎，比如購買一個幾十塊、上百塊的東西，也會多方聽取意見、貨比三家，做到精明消費。可是對於那些投入較大的花費上，卻顯得不那麼謹慎。一個最常見的例子就是在投資上，很多人在進行股票投資時，往往聽風就是雨，憑著一個小道消息，就會把幾萬甚至幾十萬元的資金投入在內。然而，這些大筆資金造成的損失和浪費，往往抵得過一兩年省下來的「小錢」。

如果你把在小事上的節儉精神用到購房、買車、投資這樣的大宗支出上，那才叫真正的理財。

理財小提示：富豪們的省錢妙招

股神巴菲特的衣服總是穿破為止；最喜歡的運動不是高爾夫，而是橋牌；最喜歡吃的食品不是魚子醬，而是爆米花；最喜歡喝的不是名酒，而是可口可樂。

而李嘉誠的衣著一貫穿一身陳舊的並不是名牌的黑色西裝，手上戴的手錶也是普通的，在他成為富豪之後，他有很長一段時間只用一支電子手錶。

外幣儲蓄理財停看聽

近年來，外匯理財產品憑藉比較高的報酬率吸引了不少投資者。各家銀行紛紛推出了不同報酬率的外匯理財產品。那麼，當你準備走進外匯理財時，你又對其了解多少呢？你是否知道外匯理財還有不少地雷呢？

地雷一：利率統一規定，存哪兒都一樣

各銀行對於外幣的存款利率有一定的自主決定權，既然存款利率由銀行自己說了算，那自然就會出現定價不一的情況。就像同樣是兩年期美元定期存款，有的銀行年利率為 2.750%，有的則為 3.375%，相差 0.625%。

因此，投資者在選擇外匯儲蓄時一定要「率比三家」，巧選銀行，不要認為存哪都一樣，要不然吃虧的肯定是你自己。

地雷二：外幣儲蓄不如購買外幣理財產品

目前六個月美元理財產品的年報酬率在 1.2% 左右，六個月期歐元產品的年報酬率在 1% 至 1.3% 之間，六個月期澳元理財產品的年報酬率在 2.5% 至 2.8% 之間。外幣理財產品的報酬率已經不具備優勢。

因此，儘管外幣理財產品層出不窮，但具有高安全性、流動性和低風險性的儲蓄存款仍是外幣投資中最基本的選擇。

理財小提示：投資外匯理財產品要看是否有提前終止權

收益高便意味著承擔的風險大。外匯理財產品一般分為銀行擁有提前終止權和客戶擁有提前終止權兩種。銀行擁有提前終止權的外匯理財產品，報酬率就相對比較高，但是只要報酬率持續在利率浮動高端區間，銀行一般都會提前終止，客戶雖然享受到了較高的收益，但是持有的時間也比較短。如果客戶擁有提前終止權的外匯理財產品，投資者就要付出報酬率相對較低的成本，有些外匯理財產品的贖回手續費也是比較高。因為提前終止，會讓銀行措手不及，不但造成原預測的收益無法兌現，銀行還有可能承擔更大的損失。收取違約金只是作一小部分的彌補。

低息時代理財地雷

面對低息人們不禁質疑：「把錢存在銀行還划算嗎？能不能

找到其他更好的投資管道呢？」對此，理財專家的意見是：會反省自己的理財方法，這說明現代人的理財概念很強，但是理財也要把握好方向，提高警惕，千萬不要走進理財地雷。

第一個地雷：低利息時代的到來，把錢存銀行太不划算了

每次降息後，很多人都後悔沒有及早將活期存款轉為定期，這讓不少以儲蓄為主的投資者直呼不划算。於是，有些人乾脆考慮放棄銀行儲蓄，轉而尋找收益更高的投資管道。如果你有這種想法，就大錯特錯了。

對於絕大多數投資者來說，傳統的銀行儲蓄是不能捨棄的。做為普通投資者，我們在考慮投資收益的同時，不能忘記投資風險給我們帶來的隱患，特別是投資者類型的不同，適合我們的投資產品也不盡相同。而對於年齡較大、風險承受能力偏低的人群來講，不可預知的風險往往是我們始料未及的，而銀行定期儲蓄存款則是我們的後備軍，利息收益穩定的同時，還具有很高的資金靈活性。

因此，我們不能因為利息收入一時的降低，而拋棄儲蓄存款，仍然要將傳統銀行儲蓄做為我們的基礎投資方式。當然，低利率時代，適當追求一些穩妥的高收益管道未嘗不可，但一定要適度保持一定的儲蓄額度，以實現家庭理財的合理配置。

第二個地雷：買債券、債券基金沒有任何風險

債券型基金是小康階層投資者選擇的熱門投資產品。債券型基金投資方式比較靈活，可以透過有效操作短期獲利，但是該產品的投資特點決定了它具有一定的投資風險。

因此，債券型基金比較適合具有一定風險承受能力、短期內沒有資金需求、追求長期投資收益的投資者。

做為小康階層投資者，降息背景下我們更應該找到自己的理財目標，選擇適合的投資方式，用專業、智慧、時間來與我們所不能掌控的經濟環境進行博弈，使用合理的理財方式來最終達到我們所要追求的理財境界。

理財小提示：低息該如何理財

大幅降息後，小康階層投資者該如何聰明理財？主要有以下三種方法：

一、選擇貨幣市場基金。貨幣市場基金以本金安全，流動性好廣受青睞，投資貨幣市場基金的收益節節攀升，是很好的選擇。

二、債券類投資產品。債券投資方式主要有國債、債券類理財產品和債券基金三種。對於不願承擔風險的人來說，國債是不錯的選擇，可以提前鎖定較高的收益。而債券類理財產品經過了前期的風光後，在大幅降息的背景下報酬率也有所減少，但與同期存款收益相比優勢仍然存在。而債券型基金

是債券類產品中直接受益最大的品種。

投資理財地雷之患得患失

　　患得患失或許在日常生活中我們遇見得不多，但一旦和投資理財掛鉤，投資者難免會有這樣的心態：現在買入會不會賠錢呢？如果不買，萬一漲上去，那不是錯失良機？買了這個，萬一我看好的另外一個表現更好，那豈不是非常冤枉？種種擔心，在投資人的頭腦中揮之不去，就像下面案例中的張女士。

　　前幾年，股市異常熱門，一直堅持不跳進股海的張女士，也按捺不住了。張女士一下投了 2000 美元，開始買了一支化工股票，等了一個星期，第一次交割就賺了兩三百美元，嘗到甜頭後，又追加了 1000 美元，買了兩隻科技股。交割後，每股又賺了 0.15 美元，等到第三次進去，卻沒有前兩次那麼幸運，股市像土石流一樣崩潰了。因為張女士沒捨得割肉，股票被套牢了。

　　事後，張女士非常惋惜地說：「要知道就買基金了，至少基金風險不會那麼大，而且還能收益。」後來，張女士聽一位老同事說投資房地產升值空間大，有的人一年就賺好幾百萬呢！這次，張女士猶豫起來了：買房地產真的那麼賺錢嗎？萬一虧了呢？我就血本無歸了。萬一真賺錢了，我就錯失了一個發財的

機會⋯⋯

　　理財界類似張女士這樣的投資者還有很多，隨著他們投資的深入，他們內心天人交戰，就像走鋼索一樣，怕偏離這邊，又怕少了那邊，怕賠了，怕賺了。他們的想法完全被投資的項目占據。然而，當一個人的思想完全喪失自主權，他的心態肯定更加容易失去平衡，更容易患得患失。

　　其實，無論是基金、股票、期貨、黃金、外匯⋯⋯種種金融投資工具，一旦投資人沒有一個適合自己的投資體系、沒有一條或者幾條投資主線、甚至沒有日常操作的原則和紀律，那麼患得患失一定會時常光顧。

　　那麼，投資者具有患得患失的心理會產生怎樣的弊端呢？

　　患得患失會讓投資者更加著眼於短期利益，忽略長期目標，在短期利益和長期目標相悖之時，非常容易打亂原來的通盤計劃和考慮，以致混亂。這種「痛苦的煎熬」會讓投資者產生萬分矛盾的心理，讓投資者更容易做出錯誤的決斷，從而嚴重影響收益和風險暴露程度。另外，患得患失更會讓投資人錯失太多的機會，如投資機會、買入機會、賣出機會等，在失去稍縱即逝的機會外，也會大大影響投資心態，甚至是長期的投資狀態。

　　因此，患得患失在投資中有多種弊端，投資者一定要時刻檢查自己的投資行為，端正自己的心理，不要無端地陷入這

種困境。

那麼，投資的道路上波折不斷，投資者該如何遠離患得患失呢？

首先，要自我反省，追根溯源，對症下藥。患得患失的本源是對投資環境和投資標的了解不透徹、沒有清晰的投資規劃、不能恪守正確的投資紀律。因此，一個比較成熟的投資者需要有基本的分析能力，並建立一套有效的分析系統，不怕個性化，只怕沒有自己的東西，然後需要制定適合自己目標和能力的投資計劃，制定一套嚴格的投資紀律，並貫徹始終，不能因為短期的小利而放棄原則。

其次，投資者要管好自己，要把意念管好，不要心猿意馬，不要患得患失。患得患失的人，往往慢半拍。主動出擊是創造績效的一大法寶，但是它是以意念為前導，而非跟在現象的背後跟風，只有意念清晰的人，才能把自己管好，否則學再多理論，聽再多消息，也是無濟於事，只是徒增困擾而已。要把自己管好，先把自己定位好，定位好之後才有定力，有了定力才能排除現象的干擾，做現象的主人，不做現象的奴隸。

理財投資雖說是一個技術，同時也是考驗投資者的心理過程。只有投資者拿出正確的心態，認定目標，不動搖，不盲目地跟從熱門，建立長期投資的觀念，培養適合自己的「財商」，尋找適合自己的投資產品和投資方法，以滿足不同階段的理財

目標，提升生活品質，才達到了真正的投資境界。

理財小提示：理財的三大境界

清代學者王國維在《人間詞話》中將立業和治學的階段分為三種境界，將這三種境界用在理財投資界同樣意猶未盡。

第一個境界：「昨夜西風凋碧樹，獨上高樓，望盡天涯路」。各種理財產品的推出催生了大批投資者，不過多數人還停留在這一境界。他們雖已意識到投資理財的重要性，但投資知識貧乏，風險意識薄弱，在操作上以最終報酬率為目標不停地追漲殺跌，患得患失。

第二個境界：「衣帶漸寬終不悔，為伊消得人憔悴」。這一境界的投資者逐漸淡忘了數字的變化，又開始有了恐懼。他們似乎對投資理論、投資產品無所不知，對各種理財工具也如數家珍，但整天卻忙碌於是選擇這個理財產品，還是選哪個？沒有享受到基金投資「專家理財」的那份快意與超然，怎一個累字了得！

第三個境界：「眾裡尋他千百度，驀然回首，那人卻在燈火闌珊處」。經過多年的實踐，成熟的投資者開始關注資本市場發展的大趨勢、基金公司的治理結構、投資理念等問題，能夠把握投資理財的核心，最終尋找到適合自己的產品，在操作上也駕輕就熟了。

注意五種錯誤的理財方式

近年來，各種金融機構推出的理財產品，令大家眼花繚

亂。人們紛紛將目光從最「原始」的儲蓄理財轉向更多形形色色的投資理財。然而，當一部分抓住了生財機遇的人錢包鼓鼓時，很多人卻走進了投資理財的地雷，不僅不能使自己的資產得到預期的增值，還虧了不少，即便有人還算幸運保住了本，但耗費了大量的精力，顯然這有點得不償失。

那麼，理財投資有哪些錯誤的方式呢？大家該如何找回正確的理財方法呢？理財專家提供建議。

一是把雞蛋放在多個籃子裡，追求多而全的理財方式

這類投資者的投資理念是雞蛋不能放在一個籃子裡，多嘗試各種理財產品才能分散投資風險。總有一處能賺錢。於是，買股票，買基金，買外匯，買錢幣，還買保險，分散了資金，想要遍地開花，可是一年下來，投資成績卻不盡如人意，股市虧了、外匯下跌、錢幣沒得動靜，只有基金賺了錢，可惜又不多，到頭來哪種理財也沒做好。

雖然多而全的理財方式有助於分散投資風險，但是卻分散了資金。把雞蛋放在多個的籃子裡，會讓投資者沒有足夠的精力關注每個市場的動向，使得投資分析不到位，結果可能在哪兒都賺不到錢，甚至會出現資產減值的危險。

對於資金量較多的投資者而言，追求廣而全的投資理財方式能有效地分散投資來規避風險，但對於像資金不多的投資

者，在初涉投資領域時不應該把資金分散過開，只有把優勢的
兵力相對集中，投資在自己最懂或有時間打理的領域，才能使
有限的資金實現最大收益。

二是資金投入不果斷，總想等待最佳投資項目，結果往往是錯過了賺錢的大好時機，為守株待兔的方式

這類理財投資者的特點是：每一個理財產品都不多買，每
一個也不錯過，因為不同類型的理財產品可以分散不同程度
的風險。結果一年下來，他的平均報酬率卻大大低於他的預期
報酬率。

因此，理財專家建議，不同的理財產品適合不同的人。對
於不願承擔較高風險的人來說，可以投資平衡型基金，適當匹
配偏股型基金，但是基金品種不應該超過 4 個。此外，為規避
單一投資帶來的風險，投資開放式基金建議採用定期定額購買
基金的投資方式，從而分攤基金投資風險。

三是目光短淺，短線投機，不注重長期趨勢方式

這類投資方式主要集中在股票投資上，目光短淺的投資者
一般都樂於短線頻繁操作，以此獲取投機差價，今年或這段時
期流行什麼，就一窩蜂地把資金投入。這種人有投資觀念，往
往具有投機心理，希望「一夕致富」，若時機好也許能大賺一

筆，但時機壞時亦不乏血本無歸的例子。

　　因此，聰明的投資人要正確評價自己的性格特徵和風險偏好，在此基礎上決定自己的投資取向及理財方式，把目光放長遠一點，做好長期理財的規劃，選擇一些投資穩健的產品，然後根據年齡、收入狀況和預期、風險承受能力合理分流存款，使之以不同形式組成投資組合，才是理財的最佳方式。

四是猶豫不決，總怕吃虧，結果往往賺不到錢的過分保守的方式

　　賈先生是一位精打細算，會過日子的人。他對錢十分謹慎，如果是把錢用在投資上，他會左打聽右打聽，問問這個，問問那個，即使市場行情特別好，他也不會輕易把錢投進入。長期以來固有的保守個性決定了賈先生對待錢的態度就是：放哪裡都不如放銀行保險。所以，他到現在快 50 歲了，還是過著普普通通、平平凡凡的日子。

　　毫無疑問，在諸多投資理財方式中，儲蓄是風險最小、收益最穩定的一種。但是在低息時代，依靠存款實現資產增值幾乎沒有可能。一旦遇到通貨膨脹，存在銀行的資產還會在無形中「縮水」。存在銀行裡的錢永遠只是存摺上一個空洞的數字，它不具備股票的投資功能或者保險的保障功能。

　　因此，投資者應轉變只求穩定不看收益的傳統理財觀念。

理財並不等於投資。理財的核心是合理分配資產和收入，不僅要考慮財富的累積，更要考慮財富的保障。理財投資者應尋求既穩定安全、收益又高的多樣化投資管道，以最大限度地增加家庭的理財收益。

五是自己不懂，跟著人家跑，往往達不到好效果的盲目跟風方式

理智的投資者在購買任何產品前都要一定要先了解產品的基本情況，學習相關知識，做足自己的基本功，不要被現在的表像迷惑了自己，否則最終吃虧的還是你自己。

理財小提示：理財不是投機

有許多國內投資者往往注重短線投機，不注重長期趨勢，比較樂於短線頻繁操作，以此獲取投機差價。他們往往會每天花費大量的時間去研究短期價格走勢，在市場低迷時，由於過多地在意短期收益，常常錯失良機。而事實上市場短線趨勢較難把握，你真正需要的是一個長期策略，不妨運用巴菲特的投資理念，把握住市場大趨勢，順勢而為，將一部分資金進行中長期投資，建立起「理財不是投機」的理念，目光放遠，才是正確的抉擇。

投資四大地雷

　　金融市場的動盪讓很多在高位介入的中小投資者損失慘重，很多投資者都發現行情變得撲朔迷離。很多人不知道在這種情況下該如何理財，由此也產生了一些錯誤的理財觀念。其中，有四大理財地雷尤其值得注意。

第一大地雷，行情低迷規避股票型基金

　　不可否認的是，投資者是恐慌熊市的。每當市場發生變化，理財思路也要做相應的調整。當然，每個人要根據自身情況進行基金投資組合。希望承擔風險小的投資者應選擇以貨幣市場基金、債券型基金和保本分紅型基金為主，盡可能地少投資股票型基金。因為股票型基金是以股票為主要投資標的。一般說來，股票型基金的獲利性是最高的，但相對來說投資的風險也較大，較適合積極型的投資人。

　　而行情低迷的形勢下，股票型基金卻跟市場的動態有著密切的關係。處在調整狀態下的市場多含有不穩定因素，因此投資者可選取基金定投的投資方式，既可以平均成本、分散風險，也可以積少成多，變小錢為大錢。

第二大地雷，投資黃金博取穩定收益

　　隨著美元的走軟、油價的上揚，黃金價格一路看漲。黃金一直是理財中的重要投資產品，它是戰勝通貨膨脹的最好工具。行情調整中轉變理財投資，出發點是正確的，但投資黃金也不是一本萬利，它本身也包含了很多技巧。

　　投資黃金有一個關鍵問題要了解清楚，那就是看影響黃金價格的因素有哪些。一般來說，影響黃金價格主要有供求關係、官方儲備量、美元匯率以及戰爭和動亂這四個方面的因素。炒金者必須關注國際與國內金融市場兩方面對金價的影響，尤其是美元的匯率變動以及黃金市場相關規定。

　　投資者如果因為行情不好，就轉戰金市博取穩定的收益，需要三思而後行。因為金市不同於其他理財產品，它有自身的優點和缺點。不同的市場，也有著不同的風險，有著不同的運行規律，投資者不能照搬方法亂操作。

第三大地雷，熊市到來遠離股市

　　如果現在有 100 萬元，應該如何投資股市？超過 90％的人都會說：持有現金，等待機會。事實上，熊市並非只剩等待一途，熊市也有金礦可挖。因此，並非市場缺少機會，只不過缺少發現機會的眼睛。據一份專業統計資料顯示，在經濟寒冬中仍然有 20 支個股仍然上漲，其中，有 3 支個股漲幅超過

100%。可見，熊市下仍然有錢可賺，知識缺少發現的眼光。

然而，熊市行情下相信很少人會投來目光，但巴菲特是其中為數不多的愛好熊市的投資者之一。巴菲特有一句名言：當別人貪婪時，我保持謹慎；當別人謹慎時，我則很貪婪。這句話可以這麼理解，「在牛市時，我保持謹慎；在熊市時，我則很貪婪」。

因此，理財專家建議：既使是在熊市，在自身風險承受範圍之內，可適當的投資股市，如果投資方法適當的話，也會有較好的投資收益。現在的股市雖然風險很大，但風險與收益成正比，高風險也能帶來高收益。

第四大地雷，銀行打新理財產品沒有風險

如果你是這麼想的話，那就大錯特錯。投資者必須時刻記住：所謂投資，肯定都有風險，銀行理財產品也不例外。理財是一個人一生的規劃，無論是牛市還是熊市，都需要根據自身情況選擇適合產品理財。

投資者在購買銀行的理財產品，也一定要有風險意識，這種風險往往是隱性風險，與貨幣貶值一樣，如果不作提前準備，等你發現風險時，你已經是受害者了。很簡單的應對辦法，就是不要將全部資產都投資於銀行理財產品，「雞蛋不能都放到一個籃子裡」。一般情況下，三成存款，五成銀行理財產品，二

成基金，這樣的組合投資理財，比單一的偏重某一項，效果要好很多。

理財小提示：黃金投資是一門學問

很多人原來是炒股票的，聽說黃金好，就加入了炒金的隊伍中。其實，炒金也並不是那麼容易，裡面的學問也很大。從一定角度來說，黃金投資如同雜技走鋼絲，也是一種風險較大的行為，稍不留意就會血本無歸。從事黃金投資需要一定的膽量，還需要掌握一些技巧，沒有市場經驗的人需要認真學習基礎知識，研究市場規律，也可找經驗豐富的人做自己的良師益友，可以讓你少走不少彎路。總之，黃金投資是一門學問，市場是磨練心智的地方，天上掉餡餅、一夜暴富的歷史已經一去不復返了，通往投資成功的路只能用我們自己的心血去鋪就。

第 7 章　理財其實不僅僅是理錢財

　　世界上每個人都希望自己很富有，但沒有人希望在富有的同時失去健康，失去朋友。因此，理財不僅僅是理錢財，人生的終極目標不是金錢，我們不是獨自生活在這個世界上，我們有朋友，有健康，有獨一無二的你。世界上最大的財富就是擁有健康、知識和才能的你。寶藏其實就握在你手中！

要理好財就要先做好人

從前，有兩個飢餓的人得到了一位長者的恩賜：一根魚竿和一簍鮮活碩大的魚。其中，一個人要了一簍魚，另一個人要了一根魚竿。得到魚的人原地就用乾柴生了篝火煮起了魚，他狼吞虎嚥，還沒有品出鮮魚的肉香，轉瞬間，連魚帶湯就被他吃個精光，不久，他便餓死在空空的魚簍旁。另一個人則提著魚竿繼續忍著飢餓，一步步艱難地向海邊走去，可當他已經看到不遠處那片蔚藍色的海洋時，他最後一點力氣也用完了，他也只能帶著無盡的遺憾離開人世。

又有兩個飢餓的人，他們同樣得到了長者恩賜的一根魚竿和一簍魚，只是他們並沒有各奔東西，而是商議共同去找尋大海。他們每次只煮一條魚，經過長途跋涉，來到了海邊，從此，兩人開始了捕魚為生的日子。幾年後，他們蓋了房子，有了家庭、子女，有了自己建造的漁船，過上幸福安康的生活。

這個故事給我們的啟示是：一個人只顧眼前的利益，得到的終將是短暫的歡愉；一個人目標高遠，但也要面對現實的生活。只有把理想和現實結合，才有可能成為一個成功之人。

這就好比理財，如果你只把目光放在眼前，你會錯失更多賺錢的機會。只有把目光放長遠，不為眼前的漲跌所動搖，審時度勢，尋找適合自己的理財方式，才能做到真正的理財。

而事實上，許多人把「理財」簡單地認為是「錢生錢」，其實只是狹義地把理財等同於「投資」。理財不僅僅包括賺錢，也包括存錢、用錢、守錢等等多個方面，甚至可以說「投資」只是其中很小的一部分。曾經有一個大學裡經濟學老師，回答那些面對股市大幅震盪而躍躍欲試求他教幾招「理財祕笈」的學生們：「你們只想到要賺錢，卻沒有想到要真正做一個『理財高手』，要先學會做人！難道你們沒有注意到那上下起伏的K線圖，多像一段段波瀾壯闊的音符嗎？」

要想理好財，就要先做好人。從某種意義上來說，做人和理財都是相通的。

做人，要有目標有計劃，要懂得正確分析自己規劃未來。理財同理，賺錢消費不可沒有計劃，隨心所欲，胸有成竹，才不會成為月光族，不會等白了少年頭時兩手空空。

做人，要拿得起放得下，不患得患失。理財也是：該花的錢要花，理財關鍵是在如何使用分配金錢，賺取財富，使自己過得更快樂，而不是過分吝嗇以致生活品質下降，這樣反倒苦了自己。

要懂得適可而止，不急功近利，關鍵時刻該出手時就出手。理財同樣，不隨意比較，遏制盲目消費，量入為出，不花冤枉錢，也不錯過絕好的投資機會。

做人要明白在家靠父母，出外靠朋友，但是選對朋友很重

要，一旦選定要用心經營，坦誠相待。正如理財：不把所有的雞蛋放在同一個籃子，基金、股票、債券、證券、黃金都是可以陪伴終生的「朋友」，眼光要精準，也要耐心。

做人，要胸懷坦蕩，不拘小節者方成大器，內藏錦繡者眼光開闊。理財要正大光明，不用機關算盡別人，不為蠅頭小利傷大家和氣，要明白，無形的財富更重要。

做人，要懂得利用身邊的資源為自己打拚更廣闊的空間，單憑個人畢竟勢單力薄，成就大事當然要學會利用各種「關係」，借力打力。理財也是，要抓住所有機會，關注生活中的細枝末節，不斷發掘出能帶來額外收入或收穫的潛在力量，讓小錢變成大錢，小利滾成大利，富裕的還是你自己。

做人，要學會選擇，學會放棄，不讓自己鑽牛角尖，要明白放手的已經過去，而把握的永遠是現在和未來。理財也要心態平和，就像做生意一樣，有賠也有賺，不用昨天的投資失敗懲罰今天打拚的信心。要知道，理財是一輩子的事情，何必因為眼前的一點失利而傷心呢！

總之，理財和做人一樣，要有好的心態，淡泊名利，寧靜致遠，如果斤斤計較自己付出多少就要立刻得到多少，那你就活得太累了。如果你多學多問，奠定基礎，給予的必將回贈予你。就像《聖經‧路加福音》：「你們要給人，就必有給你們的，並且用十足的升斗，連搖帶按，上尖下流地倒在你們懷裡；因

為你們用什麼量器量給人，也必用什麼量器量給你們。」

理財小提示：富豪的人格特質

有錢真好，但不是每個人拚死拚活的賺，就一定可以成為富豪。想成為有錢人，一定要具備某種人格特質，缺乏這種條件的人是發不了財的。通常富豪們都有以下特質：

一、懷有強烈的賺錢欲望。想成為富豪，一定要有非常強烈的賺錢欲望，他們為了實現人生的夢想充滿鬥志，這鬥志就是鼓勵他們賺錢的最大動力。

二、廣結善緣，建立人脈。想要賺錢的人充滿活力、熱心、勇敢、謙虛，並且廣結善緣，利用人脈賺錢。

三、不滿現狀，勇於突破。如果你已習慣朝九晚五的上班族生活，你一定成為不了富豪。一個積極想要賺錢的人，絕不滿足於溫飽，他一定想讓生活多姿多彩，天天充滿賺錢的活力。

朋友是最寶貴的財富

閱讀下面的文字前，先來玩個遊戲。

請你拿出一張紙，然後在紙上寫下和你相處時間最多的 6 個朋友，也可以說是與你關係最親密的 6 個朋友，記下他們每個人的月收入。然後，算出這 6 個人月收入的總和，最後算出他們月收入的平均數。這個平均值便能反映出你個人月收入

的多寡。

　　你知道這個遊戲的意義是什麼嗎？那就是交際的力量，即結交朋友的重要性。所謂「近朱者赤，近墨者黑。」美國也有句諺語，「和傻瓜生活，整天吃喝；和智者生活，時時勤於思考。」這兩句話所講的道理是一樣的，都是告訴我們擇友的重要性。朋友的影響力非常大，可以潛移默化地影響一個人。

　　在這裡並不想告訴大家如何去選擇朋友，而是想強調如果你想在人生和事業上取得成功，必須小心謹慎地結交朋友，一個人的財富在很大程度上由與他關係最親密的朋友決定。也因此，朋友是你最寶貴的財富。

　　有一個富翁臨終前將十個兒子叫到身邊，告訴兒子們自己有 1000 萬的遺產，決定給每個兒子分 100 萬，但有一個兒子必須獨自承擔他的 10 萬元喪葬費，並且要給福利機構無償捐贈 40 萬元，做為補償的條件是自己會介紹十個最好的朋友給這個兒子。最後小兒子全部接受了父親的條件。其餘的九個兒子拿了父親的財產後，沒幾年就揮霍一空，入不敷出，無米下炊了。小兒子所剩的錢也不多，當他茫然無助之時想到了父親推薦的那十個朋友，於是小兒子將十個朋友請來一起相聚，並用剩餘的錢請他們吃了一頓飯，父親的朋友們說：「你是唯一一個想到我們的人，我們要幫你一把！」

　　於是每個人都拿出一頭懷有小犢的母牛和 1000 美元送給小

兒子，而且在生意上給了他許多指點。就這樣，小兒子開始步入商界，許多年後他成為了比父親還富有的人。但小兒子一直沒忘記父親的那十個朋友，一直與他們保持著密切的聯繫，有什麼事總是請教他們。

要生存就離不開金錢，金錢是必須的，但金錢只能給人帶來一時的享受與滿足，卻不能讓人擁有一生一世。而朋友的友情卻能給我們帶來溫馨與快樂，朋友的關注能給我們送上鼓勵與扶持，朋友的情意能讓我們受益一生！這個故事用事實再一次向我們證明了：財富不是永久的朋友，朋友卻是永久的財富！

然而，人生在世，有諸多財富：金錢、知識、健康、朋友都是財富。那麼朋友何以能夠成為財富呢？

朋友給你無私的幫助：凡在事業上有所做為的人，都是這樣的體會；認識一位有智慧的朋友，遠比結交一個有錢人更能獲益。朋友的一個點子，說不定能啟發你；朋友的一句提醒，很可能讓你免受損失。這不正是財富的的一種嗎？

朋友是財富，你的朋友越多，你就越富有！朋友在你需要幫助的時候會挺身而出，朋友讓你遠離孤單，忘卻孤獨，不再憂鬱。廣交朋友才能借助眾人之力，才有可能創造輝煌。一個人，即使是天才，也不可能樣樣精通。所以，你要完成自己的事業，就必須善於利用朋友的智力、能力和才能。

有一句話說得好：如果你想展翅高飛，那麼請你多和雄鷹

為伍，並成為其中的一員；如果你和小雞成天混在一起，那麼你就不大可能高飛。

同樣，如果你最親密的朋友是公司的高級主管，那麼你們在一起時所談論的主要內容一定是關於如何管理和經營的；如果你最親密的朋友是公司的職員，那麼你們在一起時談論的主要話題一定是關於如何工作的；如果你最親密的朋友是房地產商，那麼你們談論的話題一定會是關於房地產的……

如果你希望自己的精神富足的話，就請多交朋友吧！

理財小提示：朋友是你一生的財富

「命運是友誼決定的。」這句話一點也不假。據調查表明，所有的成功者，他們的成功至少有 40% 必須歸功於他們在廣交朋友方面的非凡能力。可以說，朋友是一生的財富。

仔細想想，當我們初入社會，事業尚未發展時，是朋友給予了你最大的幫助，他們給你帶來了有益的建議、指導和無數的良機；當你處於事業低谷，情緒低落時，是朋友給了你溫暖、鼓勵和支持，使你重新振作起來，繼續奮鬥；甚至當你遇到重大變故或事業處於萬分危急的時刻，在你的生命中最需要人提攜的時候，是朋友給予你一臂之力，讓你重回巔峰。除了自己的力量外再也沒有別的力量能夠像真心朋友那樣，幫助你獲得成功了。

請記住這句至理名言：金錢是財富，比金錢更珍貴的財富是朋友！朋友是比金錢更恆久的財富！

身體是理財的本錢

「健康是人生第一財富」。身體健康是人的無形資產，也是你財富的一部分。當人的身體出現了問題需要治療的時候，你就不得不把你的有形資產轉變為貨幣資金去付治療的費用。

小到頭痛、感冒需要上百元的藥費，大到生病住院則等待你的是幾千元甚至幾萬元的治療費，自己辛辛苦苦賺來的錢貢獻給了醫院，而且自己還要忍受痛苦。

因此，為了避免我們給醫院「打工」，我們非常需要安排保持健康的開支。最重要的健康開支就是每年定期檢查身體的費用，大約是每年 1,500 元左右，這樣做可以有效的監控你的身體狀況，如身體發現異常可以及早治療。

很少人平時會在身體健康上投點資金，而是習慣於在病後沒辦法才想到治療。不管從身體本身講還是從經濟的角度去分析，都是非常傷身勞財的。有人說「疾病就是燒錢爐」，再說了，身體產生了疾病再治療多多少少對身體有影響的，就像是一個企業亂了才開始定制度一樣，隱患多，還要受疾病的折磨！

經濟學家曾特別研究過健康經濟學。從他們的角度來分析，勞動者的人力資本主要由健康、知識、技能和工作經驗等要素構成。雖然這些要素都會提高個人的生產率，但唯有其中的「健康」，決定個人能夠花費在所有市場活動和非市場活動

上的全部時間。因為有病就影響生產，經濟學家出於計算的方便，往往用無病天數來表示健康，或者用有病時間內發生的直接和間接費用來估算疾病損失。

也就是說，如果我們總想著年輕的時候過得苦一點沒關係，這樣退休的時候才可以悠哉享受生活，這樣的如意算盤恐怕很難實現。因為龐大的事業往往以健康為代價，還沒等到享受的時候，健康存量就用完了。

因而，當理財與健康逐漸成為大眾共同關心的話題時，是理財優先還是健康先行？如果你的身體也遭遇了股市一樣的低潮，等景氣復甦時，你還有精力和活力再次征戰股海嗎？

據了解，國外的理財顧問不是只充當「掌櫃」，他們在投資人心目中還有著心理諮詢師的角色，除了規劃客戶的錢包，他們還會考慮客戶的身體狀況和心理承受能力。理財的目的是為了創造財富，而擁有健康才是你努力創造、累積財富的保證，享受財富生活的資本。

所以說，做為一個精明的投資者，最重要、也是最基本的投資，當然是自己的健康。俗話說得好，留得青山在，不怕沒柴燒。同樣在理財行為準則上也適用，養個好身體，不怕沒錢賺。

健康是 1，事業、財富、婚姻、名利等等都是後面的 0，由 1 和 0 可以組成 10、100 等 N 種不同大小的值，成就人生的燦

爛篇章，但是失去 1，則一切皆無。

對於那些健康和事業常常不能兼顧的青年和中年人來說，每天留一分力氣給身體，不要把自己當成不用休息的機器，休息多了，睡夠了，把能量還給身體，讓身體把該做的事做好，也許就是相對的健康習慣了。

投資者應對投資有明確的目標，不論賺錢還是賠錢，都應該保持穩定的心態，要注重對身體的保養，這樣才能夠真正感受到投資帶來的收益和快樂。

在投資前，投資者要建立穩定的良好心態，摒棄一夜暴富的念頭，投資過程中始終保持平常心，特別是股票投資一定要控制好自己的情緒，不隨股市波動，要從長遠出發看待眼前的得失，千萬不要出現大幅度的情緒落差。

在投資之餘，投資者要進行一些必要的運動，如參加晨練；學會舒緩運動，放鬆頭、頸、背、腰以及各部位關節，以便及時緩解身體各部位的疲勞。

生活上要合理安排飲食，定時定量用餐，不要為了趕時間，經常在外面吃便當，應該在餐前餐後都留出一定的閒置時間，以利於食物的消化和吸收。

除此之外，還應每週安排一些健身活動。如果沒有時間進行固定體育訓練的話，可以在每天下班坐車時提早一兩站下車

走路回家，既可呼吸新鮮的空氣，又可以兼顧運動。 當然，如果條件允許，上健身房和購買健身器材也是一種選擇。

　　總之一句話，你沒有好的身體，還談什麼賺錢理財呢！先把身體顧好了，財才能理好！

理財小提示：理財投資的兩個重要原則

　　一、投資的 100 原則：用 100 減去你的歲數，就是你的資產最多可以進行激進投資產品的比例，年齡大的則應當減少激進性投資，以穩健、保障型投資為主。

　　二、投資的 2/3 原則：剛工作的人可以將資產的 2/3 投資在偏積極的投資工具上，而接近退休者則應將資產的 2/3 投資在偏保守的投資工具上。

別忘了時間是最應該珍惜的財富

　　兩千年前，孔子立於河邊，面對奔流不息的河水，發出了千古流傳的感嘆：「逝者如斯夫，不舍晝夜。」

　　古往今來，有不少人惋惜：時間易逝，於是長嘆光陰似箭催人老。樹枯了，有再青的機會；花謝了，有再開的時候；燕子去了，有再回來的時刻；然而，人的生命要是結束了，用完了自己有限的時間，就再也沒有復活，挽救的機會了。時間就這樣一步一步，永不返回。

，時間在科技化、資訊化時代尤為重要。在這個時代，知識就是財富，時間就是金錢。時間是上天給你的資本，同時命運之神也是公平的，她給每個人的時間都是公平的，但成功女神卻是挑剔的，她只讓那些能把 24 小時變成 48 小時的人接近她。

然而，時間是世界上唯一不可能增加的東西。即使你能賺很多錢，但享受生活的時間是不會重來的，即使錯過一件看上去重要的事情，也別忘了什麼才是最重要的，也別忘記了時間是最應該珍惜的財富。

每花一塊錢就是為將來做出犧牲。如果只是坐著想自己何時能發財，又整天追劇喝可樂，那你的夢想肯定不可能實現。有夢就要為之努力。

說到理財，時間卻有巨大的魔力。有不少人總以為理財充滿神祕的色彩，甚至希望透過獨立理財顧問的一個理財方案甚至一句話就迅速改變他的財務狀況。其實，這些都是對理財的偏見。如果說理財真的有什麼祕訣的話，那就是時間。

具體的、極為誘人的投資理財目標，實現的關鍵之一都是需要一個相對漫長的時間。每年保持 30% 的投資報酬率，只要堅持 10 年，即可實現成長 19.36 倍的投資收益。姑且不談這 30% 的年報酬率如何實現，但這其中的奧祕實際就是利用複利成長的威力：時間越長，乘數效應越大，複利成長的威力就越

大。因此，投資理財之道的祕訣實則貴在堅持。

　　知道了時間的魔力後，理財就能開始了。當然，前提還是須先存下一筆錢做為投資的本錢，而後才能談加速資產累積。

　　不過並不是所有人都能認識到理財與時間的關係，一些人總找各種理由遠離理財。這部分人在「怠慢」理財時，常掛在嘴邊的一句話就是「忙！沒時間！」其實大家心裡明白所謂「沒時間」並非全都屬實，往往只是藉口。因為，由於工作忙而沒時間打理資產者只占一小部分，但如果才智相仿，工作時數也比他人多，卻在績效方面不如別人，那就知道問題了，應該好好檢討自己。畢竟老天公平地給予每個人同樣的時間資源，關鍵就看能否加以巧用。在相同的「時間資本」下，有人任憑分秒流逝，毫不珍惜；有人卻懂得利用自動化及各種服務業代勞，用錢買時間，只因錢財失去尚可復得，時間縱有千金也難喚回。

　　可見，有人只知道辛辛苦苦賺錢，一旦錢到手就不再珍惜。也有人因為懶得花幾天、甚至幾個小時關心一下已擁有的財富，從而讓賺來的金錢從身邊悄悄溜走，這些都同樣可惜。其實，忙或懶都沒有錯，錯在沒有好好管理自己的時間。因此，要「賺」得時間的第一步，就是全面評估時間的使用狀況，找出浪費的零碎時間。接著有計劃地整合運用，不妨先列出一張時間「收支表」，把每天的行事記錄下來，找出效率不高的原因並加以改善。當你把時間管理好後，可以每天抽出一點點時

間來打理你的財富，不久後你會發現你的財富在時間不斷的推移中逐漸成長。

　　總之，聰明者利用時間，愚蠢者等待時間；有志者贏得時間，無為者放棄時間；勤奮者珍惜時間，懶惰者喪失時間；求知者抓緊時間，糊塗者糟蹋時間。在當今時代，機遇與財富所交融，時間與速度所交融，珍惜每一寸光陰，你就會和富有親近。

理財小提示：每天進行晨間計劃能有效管理你的時間

美國某公司的董事長每天清晨 6 點之前準時來到辦公室，先是默讀 15 分鐘經營管理哲學的書籍，然後全神貫注地思考本年度內不同階段中必須完成的重要工作，以及所需採取的措施和必要的制度。接著就是安排一週的工作。他把本週內所要做的幾件事情一一列在黑板上。大約在 8 點鐘左右，他在餐廳與祕書共進咖啡時，就把這些考慮好的事情商量一番，然後做出決定，由祕書操辦。他的時間管理法，大大提高了公司的工作效率，引起了美國各公司的高度重視和讚揚。

所以，每天清早，進行一天的安排與整理待辦事項，能有效地管理你的時間。

口才是生存和發展的策略之一

　　1940 年代，美國人把「口才、金錢、原子彈」視為在世界

上生存和發展的三大法寶，1960 年代後又把「口才、金錢、電腦」列為最具力量的三大武器。口才一直獨占鰲頭，其作用和力量可見一斑。

也許你會問：口才真有如此重要嗎？

不論是做什麼行業，話說得好，可說不費吹灰之力便日進斗金。因此，「好身價」來自好口才，真正的有錢人一般都有一副好口才！

一項工作需要眾多人的合作和眾多資訊的結合才能完成。語言是最普遍、最方便也是最直接的溝通方式。表達能力強，資訊便能順利準確地被對方接受和理解，達到溝通目的；反之，溝通中斷，工作也很難取得成功。

比如近兩年才興起的婚禮主持人。你可別小看了婚禮主持人這個行業，他不僅要幫助新人完成整個儀式，又要能幫助新人適當地化解尷尬場面；不僅要安排好婚禮步驟，還要會變「花樣」，必須會調動氣氛，要有現場的控制能力；不僅要在適當的時機說適當的話，音樂什麼時候響起來，燈光如何應用，也都要能夠拿捏得恰到好處，儼然成了婚禮場合不可或缺的人物。

因此，對於婚禮主持人而言，良好的口才和臨場反應能力是做好這份工作的必備特質，若自身還有一些才藝則更佳。目前婚禮主持人主持一場婚禮的費用約在 15,800 至 26,800 新臺幣。可見，對婚禮主持人來說，「口才」就是「本錢」，就是日進

斗金的最大「武器」。

世間有一種成就可以使人很快名利雙收，那就是講話令人喜悅的能力。是人才未必有口才，然而，有口才卻必定是人才，而且是優秀的人才和難得的通才。說得更明白點，口才主要不是口上之才，而是一個人整體素養和交流能力的表現。一個真正有口才的人，其素養高，交流能力較強，當然可以稱得上是人才，而且是出類拔萃的人才。正因為口才具有綜合能力的特徵，所以說：口才是知識的象徵，是事業成功的階梯。

說話之術，關係到一生的成敗。拙嘴笨舌，詞不達意，會使人到處碰壁，寸步難行；巧舌如簧，舌粲蓮花，會使你柳暗花明，左右逢源。好口才是你縱橫馳騁的利器和法寶。對一個人而言，口才就是魅力，口才就是財富，口才就是事業。

對於投資理財來說，口才同樣重要。口才是機會。如果善於表達，就會比別人多一些成功的機會。在當今社會，善於表達者才是真正的贏家。

在現實生活中很多人由於善於言辭，做出巨大的業績，獲得名聲，或是令人羨慕的職位。因此，一個人要獲得很好的職位和薪水，過快樂的生活，如果僅憑他做事的才能，恐怕還難以達到。他不僅要有做事的才能，還要把自己訓練得善於談吐，讓人感到有趣、活潑自然、表情豐富，並且要待人和氣。

因此，千萬不要害怕開口說話，口才是人類生存和發展的

策略之一。口才的力量就如同卡內基（Dale Carnegie）曾經說的：「一個人的成功，約有 15% 取決於知識和技術，85% 取決於溝通 —— 發表自己意見的能力和激發他人熱忱的能力。」

理財小提示：卡內基總結的擁有好口才的方法

卡內基總結的六大增強說服力的法寶：一、提出統計數字。二、舉出親身事例。三、利用示範製造效果。四、提出好的比喻。五、引用專家證言。六、秀出展示品。

卡內基將精彩演說的要素歸結為三點：一、談自己熟悉而確信的東西。二、談的時候一定要投入。三、好的人格，能幫你說話，增加說服力。

總之，不斷地累積、不斷地在實踐中練習，這就是練好口才的祕訣。要想擁有一流的口才，就要下定決心，想盡辦法，勤學苦練，有志者事竟成。

最大的財富是你自己

經濟市場動盪之下，很多人成了驚弓之鳥。商人怕生意失敗，不但現在的風光生活不保，也許還要欠下一屁股債，以後的日子必黯淡無光；職場中人怕一朝丟了飯碗，房貸、車貸、孩子學費、父母養老錢等都成「緊箍咒」；已經失業的，目光迷茫不知下一個飯碗在哪裡；即將畢業的，面對人山人海的就業博覽會，僧多粥少的職位，也只能倒抽一口涼氣，惶惶然不知

明天的早餐在哪裡。如果你在街頭停留一下，觀察一下來去匆匆的過往行人的表情，就會發現太多人的臉上寫著焦慮和憂愁。

不過，焦慮和憂愁都是正常的現象。我們每個人都有一張「資產負債表」，經常要仔細衡量房產、股票、現金和房貸、車貸、信用卡負債之間誰多誰少，薪水上漲和 CPI 漲幅哪個更快。在經濟環境動盪之下，我們更要小心翼翼維持這張資產負債表，因為一旦失衡，未來就要付出更多辛勞。

好在開啟幸運之門的鑰匙就在你自己手裡。不管所處的世界處於何種危機下，你本身是不可能變成危機的，除非你要放棄自己。你可以用你的雙手在危機中尋找希望，尋找生機。不管你是千萬富翁還是一文不名，你都擁有另外一張隱形的 「資產負債表」，學習能力、創造能力、與人相處的能力、應對挫折的能力統統是你的資產，而狹隘的觀念、封閉的想法、不擅承擔責任的性格全是你的負債，在這張隱形的資產負債表上，你的表現越優異，就越不用擔心那張「資產負債表」的走向。

我們每個人都擁有世界上最大的財富，那就是你自己。你的腦是全宇宙中最複雜的結構，在它有十三億個神經細胞，它幫助你整理每一個嗅覺，每一個感覺，每一種聲音，你的腦細胞中，有超過一千億億個蛋白分子，沒有任何一個系統能比你自己的系統更加完善，沒有任何古老的奇蹟能比你更偉大。你的耳中有二萬四千條纖維，所以你能聽到樹梢的風聲，激石波

濤和你自己的笑聲。你的皮膚是乾淨而奇妙的創作，它只需要香皂和沐浴乳的清洗與保養。所有的鋼鐵都會因時間而生銹，失去光澤。而你的皮膚卻不會，它可以自行更新，舊細胞為新細胞所取代，你總是嶄新的。

你貧窮嗎？不！你是富有的，只是沒有人告訴你！在人類產生至今，沒有一個人是相同的，你就一個，稀有之中之稀有者，無價之寶，擁有靈性。你的語言、動作、外表與行為，過去沒有，現在將來也不會有其他人與你相同。

在經濟形勢不佳的今天，完全沒有必要焦慮憂愁。學會理財，就會讓你的生活變得豐富起來。如果你原本的口袋裡錢不太多的話，就趕快開源節流吧！

不過，這個時候最聰明的做法就是投資自己，沉澱自己，提升自己的學識，多培養與訓練自己的做事能力，在公司當中建立不可取代的地位，超過同輩，那麼你的投資投資報酬率還是相當高的。例如，你現在的年薪只有 50 萬元，但是經過不斷升遷，不需幾年薪資就有可能上調到 100 萬元，光是薪資上漲幅度就相當可觀，比起操作投資工具的投資報酬率還要來得更穩當。正所謂技不壓身，因此，投資自己才是最穩的賺錢方法。

所以，不要感嘆，也不要傷悲，更不要怨天尤人。你，能行動，能跑，能工作，你身上有五百條肌肉，兩百根骨頭與眾多的神經纖維，供你執行命令，你不為你自己自豪嗎？要知道

世界上最大的富有就是擁有健康、知識和才能的你。寶藏其實就握在你手中！

理財小提示：理財必須先有錢的訣竅

錢是永遠不知道疲倦的，關鍵在於你是否能夠駕馭它。那麼，怎麼才能先有錢呢？

假如你對於增加收入束手無策，假如你明知道收入有限卻任由支出增加，假如你不從收入與支出之間擠出儲蓄，並且持續拉大收入與支出的距離，你成為富翁的機會將微乎其微。

所以，如果你想理財，而又沒有那麼多的錢，就必須首先增加錢累計的速度，找到一項不錯的投資，能比市場均值多兩倍。

賺錢之道，上算是錢生錢，中算是靠知識賺錢，下算是靠體力賺錢。

人生的終極目標不是金錢

喜歡圍棋的人都知道一句「下棋莫貪」，貪的人往往都會以輸棋而告終。其實，對待錢的態度也應如此。金錢只是一種工具，而不是人生的目的。

當今這個社會大家都很浮躁，特別是年輕一代。大家生活在一個物質世界中，一切以金錢為唯一的衡量標準。我們每天的生活都圍繞著錢這個中心，每天的工作和生活都離不開錢。

吃飯要錢、買衣服鞋子、出去娛樂要錢、買車要錢、買房子要錢……一個人活著，沒有錢是萬萬不能的。

那麼，我們這麼忙碌是為了什麼呢？我們人生的目的到底是什麼呢？

其實，金錢只是一種有形的貨幣。不能吃，也不能穿。如果我們覺得金錢就是人生的唯一目標，那就錯了。就像童話故事裡虛榮的國王一樣，學會了「點金術」，就想把世界上的事物都變成黃金，甚至連麵包也不放過。結果呢，他的目標實現了，他能看到的一切事物都成了黃金，可是他卻因為沒有食物而餓死了。

世界上很多東西都很奇怪，有時候你越想擁有卻無法擁有，就會朝思暮想，而一旦擁有了，你就會覺得不那麼重要了。但是，有一點你必須要注意，世界上的錢是賺不完的，即使你賺再多的錢也只是改善自己的生活品質，那麼多少錢對你來說是滿足呢？你忘記了你心中的夢想嗎？忘記了人生還是很多值得留意和分享的開心事情嗎？……當然，金錢是個好東西，你可以拿它去換取權利、地位、榮譽，甚至大部分你想要的東西。但是，金錢絕對不是人生的終極目標。

世界上很多富翁們都有這樣的觀點：金錢只是一種工具，但不是人生的目的，絕不要做金錢的奴隸。被譽為日本經營之神的松下幸之助，他的經營業績舉世矚目。他對金錢的態度是：

「為了達到目的地而工作，為了使工作更有效率，就必須要有潤滑油。所以說，金錢是一種工具，最主要的目的還是在於提高人們的生活。」松下對金錢是斂財而不守財。他認為：一個人不能當財產的奴隸。他說：「財產這東西是不可靠的！但是，辦一項事又必須有錢。在這種意義上說，又必須珍視錢財。但『珍視』與『做奴隸』是兩回事，應該正確對待，否則，財產就會成為包袱 —— 看起來你好像是有了錢，實際上它卻使你受到牽累。這是人類的一種悲劇。」 松下這種思想是很值得人們深思的，他讓人們不要做金錢的奴隸，要時時想到更遠大的目標。

事實上，沒有一個白手起家的成功企業家會把堆積財富當成首要目標。真正令人陶醉的是在商業遊戲中取勝的艱鉅而刺激的工作，而非金錢本身。比爾蓋茲曾經這樣說到賺錢的感覺：「即使在今天，讓我真正感興趣的也不是賺錢本身。如果我必須在工作和擁有鉅額財富兩者之間進行選擇，我會選擇工作。領導一支由上千個有聰明才智的人組成的隊伍比擁有一個鉅額的銀行帳戶更令人激動。我很善於讓資產增值，但是我從來不看股票的價格，所以我也不知道增加了多少。」

金錢的誘惑常常似乎與手頭擁有的數目直接成正比：你擁有越多你想要的也越多。如果一位上班族到年老時，發現自己的財富大多是自己一生刻苦耐勞、省吃儉用賺來省來的，那麼幾乎可以肯定，他一定不會很有錢。對多數人而言，要改善財

務狀況的首要任務，不是吝嗇，而是加強投資理財的能力。

　　對於善於理財者而言，一生的財富主要是靠「以錢賺錢」累積起來的，而不是省來的。每一塊錢都是一顆生財的種子，只要你把它種下，給它施肥，除草，鬆土，那它就會發芽抽枝，長成一棵搖錢樹。這棵搖錢樹能生出足夠的錢，為他今後的生活提供開支，它能自動生財，完全不用你再去操心。大多數人並不珍惜這一塊錢，他們把它扔到了一邊。他們破壞了它的價值，沒有把它拿出來充分利用，它也就無法生出 50 萬、500 萬、1000 萬甚至更多的錢來了。由此可見，理財是多麼的重要，一個人一生能累積多少錢，不是取決於他賺了多少錢，而是他如何理財。

　　人，一定要善待自己，善待人生。有錢要過得開心，沒有錢更要過得開心，因為金錢並不是我們人生的唯一目的。如果你能在開心的同時，用理財的方式獲得更多財富，那麼你的人生才是真正的富有！

理財小提示：學會理財可以累積幸福

每個人都要學會理財，因為理財的終極目標不是累積金錢，而是累積幸福。畢竟有品質的生活需要物質為基礎，幸福的日子需要對財富的健康規劃。

理財是你生活的底線，它能夠保證當你遇到突發事件時，有基本的生活保障。理財是一種規劃人生、規劃家庭、計劃現

在的思路和觀念。

因此，不妨從今天開始學習理財、嘗試理財，在收支規劃、儲蓄、投資和保險等各方面「多管齊下」，累積財富、合理支配財富，讓我們的「口袋永遠豐盈」，由自己來決定未來的生活面貌，贏得更幸福、更自由的人生！

電子書購買

國家圖書館出版品預行編目資料

錢永遠不夠！不理財就從小康變清寒：窮人在
尋找財富，平民想守住財富，富翁能創造財富，
不規劃就只是白日夢 / 喬友乾，郭麗香著 . --
第一版 . -- 臺北市：崧燁文化事業有限公司，
2022.02
　面；　公分
POD 版
ISBN 978-626-332-028-4(平裝)
1.CST: 理財 2.CST: 投資
563　　　　110022846

錢永遠不夠！不理財就從小康變清寒：窮人在尋找財富，平民想守住財富，富翁能創造財富，不規劃就只是白日夢

臉書

作　　　者：喬友乾，郭麗香
發 行 人：黃振庭
出 版 者：崧燁文化事業有限公司
發 行 者：崧燁文化事業有限公司
E - m a i l：sonbookservice@gmail.com
粉 絲 頁：https://www.facebook.com/sonbookss/
網　　　址：https://sonbook.net/
地　　　址：台北市中正區重慶南路一段六十一號八樓 815 室
Rm. 815, 8F., No.61, Sec. 1, Chongqing S. Rd., Zhongzheng Dist., Taipei City 100,
Taiwan
電　　　話：(02)2370-3310　　　傳　　真：(02) 2388-1990
印　　　刷：京峯彩色印刷有限公司（京峰數位）
律師顧問：廣華律師事務所 張珮琦律師

定　　　價：320 元
發行日期：2022 年 02 月第一版
◎本書以 POD 印製